우리는 왜 본질을 잊는가

: 브랜딩의 기술

우리는 왜 본질을 잊는가

세키노 요시키 지음

이정환 옮김

브랜딩의 기술

나무생각

지금도 기업을 둘러싼 환경은 끊임없이 변하고 있다. 상품, 서비스, 기술은 시장에 내놓자마자 즉시 따라잡힌다. 특허를 신청하고 있는 동안에 그 기술을 초월하는 새로운 상품이 나오는 시대다. 그렇기 때문에 소비자의 강한 관심을 이끌어내려면 압도적인 차별화 전략이 필요하고, 배경에 스토리를 갖춘 브랜드를 육성해야 한다. 그리고 브랜드를 구축하기 위한 투자 의의를 높여야 한다.

스타벅스를 예로 든다면, 창업 초기에는 커피를 제공하는 일반 커피숍이었지만 얼마 지나지 않아 자신들이 제공하는 가치를 '편안하고 기분 좋은 시간과 공간'으로 새롭게 정의했다. 그리고 그 가치를 제공하기 위해 로고를 몇 번이나 바꾸고 브랜딩(branding) 이미지를 바꾸어 직원들에게 콘셉트를 인지시키는 한편, 일하는 방식에 변화를 주어 커다란 성장을 이루어냈다. 브랜드를 만들기 위해 철저한 투자를 지속해온 것이다.

세상에서 살아남는 브랜드는 자신들이 제공하는 가치의 본질을 충분히 이해하고 있으며, 설사 무형의 자산이라 해도 적극적으로 투자를 하면 그 가치를 얼마든지 높일 수 있다는 확신을 가지고 있다. 글로벌 브랜드로서 세계적인 성공을 거두려면 투자에 대한 '각오'와 무형자산의 가치를 어느 정도까지 끌어올릴 수 있는지에 대한 '전략'이 필요하다.

내가 몸담고 있는 이마지나(イマジナ)는 지난 10년 동안 2,500개가 넘는 기업의 브랜드를 구축하는 일을 도왔다. '기업의 활동 자체가 브랜드전략이다'라는 관점으로 사내의 제도 설계부터 사외를 대상으로 하는 PR까지, 종합적이면서 매끄럽게 연결될 수 있는 구조를 제공해왔다. 지금은 기업뿐만 아니라 지방자치단체와 지역의 브랜딩, 그리고 전통 공예 분야의 브랜딩에도 손을 대고 있다.

이 책에서는 지금까지 우리의 작업들을 토대로 하여 '브랜드의 힘', '사람의 힘', '전달하는 힘'의 핵심을 정리했다. 독자 여러분이 브랜드전략을 이해하는 데에 조금이라도 도움이 될 수 있기를 바란다.

마지막으로, 만약 이 책을 읽어보고 우리가 하는 일이 재미있다고 생각하는 사람은 부디 이마지나의 문을 두드려주기 바란다. 이마지나에서 보내는 일상은 틀림없이 당신을 성장시켜줄 것이다.

세키노 요시키關野吉記

chapter 2. **기업 브랜드는 직원이 만든다**

chapter 3. 글로벌 경쟁에서 승리하는 브랜드력

Special Interview 1. "오코노미야키를 세계로!"

오타후쿠소스의 브랜딩 이야기

chapter 1

왜 지금
브랜드력이
필요한가

기업의 브랜드력은 고객에게 만족감과 안도감을
줄 수 있는 가장 큰 요소다. 그리고 상품이나
서비스에 브랜드라는 부가가치를 제공할 수 있는
기업만이 라이벌 기업과 차별화를 도모할 수 있고
고객들에게 선택을 받을 수 있다. 기업의 경영전략과
브랜드전략은 하나가 되어 작동해야 한다.
비즈니스가 복잡하고 빠르게 진행되는 세상에서
'어정쩡한' 브랜드전략은 더 이상 통하지 않는다.
지금이야말로 진정한 브랜드력을 갖추어야 할 때다.

01. 브랜드 가치를 제공하는 기업만이 고객을 사로잡는다

고객은 무엇을 중요하게 여길까

지금은 상품이나 서비스가 일정한 품질을 갖추지 못하면 고객에게 인정받기가 어려운 시대다. 기업이 좋은 상품과 좋은 서비스를 제공하려 노력하는 것만으로는 부족하다. 혼자만 노력하는 게 아니기 때문이다. 같은 시장에서 경쟁하고 있는 라이벌 기업들도 동시에 어딘가에서 수준을 높이기 위해 애쓰고 있다.

IT(정보기술)가 발전하면서 우리의 생활은 예전과 비교할 수 없을 정도로 편해졌다. 기업이 아이디어를 상품화하고 서비스화하는 속도도 엄청나게 단축되었다. 그러나 이는 한편으로 독창적인 아이디어를 내어 앞서가더라도 즉시 라이벌 기업에게 추격당할 수 있다는 의미이기도 하다.

또한 시장을 조사하는 기술도 진보했기에 '자신만의' 상품이나 서비스를 보유하기가 어려워졌다. 비슷한 가격, 비슷한 품질의 상품들이 마치 도토리 키 재기를 하듯 선보여지고 있다. 따라서 상품이나 서비스 자체로는 차별화를 이루기가 어려운 시대다.

고객이 원하는 것은 '만족감'이라는 브랜드력이다

그렇다면 고객은 무엇을 기준으로 상품이나 서비스를 선택하는 걸까? 고객은 '평범한', '적당한' 상점이나 상품은 선택하지 않는다. 가끔 충동구매를 하는 경우도 있지만 기본적으로는 각자가 나름대로의 확고한 기준을 가지고 있다. 무엇이 자신을 가장 만족시켜줄 것인지 생각하고 거기에 초점을 맞춰 상점에 들어가고 상품을 선택한다.

만족감을 얻을 수 있는 대상은 상점이나 상품과 관련이 있는 모든 요소들이다. 고객은 디자인, 감촉, 사용감, 맛 등 상품 자체와 관련된 요소뿐 아니라 상점의 분위기나 상품의 로고, 상품을 넣는 포장, 점원의 정확한 상품 지식, 고객을 대하는 태도, 상품과 관련된 스토리, 그것을 후원하고 있는 유명인사, 상품에 대한 신뢰감과 안도감 등 직접적으로 눈에 보이지 않는 것들까지 포함하여 만족감을 얻기를 원한다.

고객이 얻을 수 있는 이 만족감이 바로 '브랜드력'이다. 상품이나 서비스에 브랜드라는 부가가치를 제공할 수 있는 기업만이 라이벌 기업과 다른 차별화를 만들어낼 수 있고 고객에게 선택받을 수 있다.

기업의 경영전략과 브랜드전략은 하나의 몸체로 움직인다. 앞으로는 지금까지 그래왔듯 '평범한' 또는 '적당한' 상품이나 서비스를 제공하는 기업은 쇠퇴하게 될 것이다. 따라서 어떤 시장에서 어떻게 싸워 살아남을 것인지, 고객에게 어떤 가치로 인정받을 것인지, 그렇게 하기 위해 무엇을 어떻게 할 것인지를 진지하게 생각하는 브랜드전략이 필요하다.

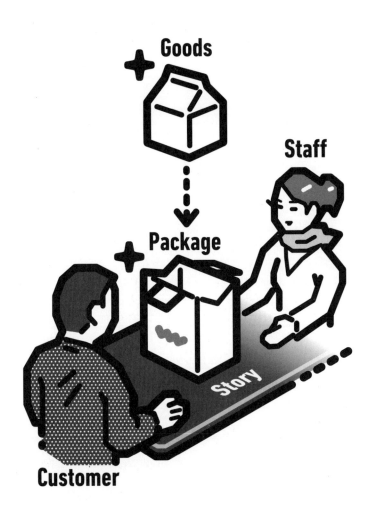

+ Goods

Staff

+ Package

Story

Customer

02. 브랜딩은 좋은 이미지를 얻기 위한 활동이다

브랜드는 고객이 평가하는 가치다

그렇다면 브랜드는 어떻게 구축해야 할까? 브랜딩과 마케팅을 혼동하는 기업이 많기 때문에 여기서 정확한 정의를 내리려 한다.

마케팅 – 자신의 이미지를 상대방에게 전달하기 위한 노력

브랜딩 – 상대방이 좋은 이미지를 느끼도록 하기 위한 노력

언뜻 비슷해 보이지만 19쪽의 그림을 보면 쉽게 이해할 수 있듯 외부의 평가가 그 기업의 브랜드를 구축한다. 기업이 "우리는 이것을 잘합니다.", "우리 회사 상품은 가치가 있습니

다."라고 어필하는 것은 마케팅이다. 기업이 소비자에게 어필을 하는 것은 당연한 행동이다. 그렇기 때문에 소비자는 이것만으로는 큰 관심을 가지지 않는다. 외부로부터 좋은 평가를 얻기 위해 자신들이 소중하게 여기는 생각이나 사고방식을 상대방(고객)에게 전달하고 좋은 이미지를 얻기 위해 노력하는 활동이 브랜딩이다.

브랜드력이 있으면 고객이 좋은 이미지를 부풀려준다

고객이 '이 기업(브랜드)은 정말 대단해.'라고 생각할 수 있는 구조를 만드는 것이 브랜딩이다. 루이비통(Louis Vuitton)을 보자. 밑바탕에 비닐 직물을 겹쳐 붙인 루이비통의 트렁크는 전 세계에서 복제품이 가장 많고, 그에 대한 수많은 일화가 있다. 나치가 금괴를 운반할 때 찢어지지 않았다는 이야기도 있고, 타이타닉 호가 인양되었을 때 배 안에 있던 트렁크의 내부가 전혀 젖지 않았다는 이야기도 있다. 그런 이야기들이 사실인지 아닌지는 별로 중요한 문제가 아니다. 고객이 브랜드에 대해 '스스로 좋은 이미지를 느낀다'는 점이 중요한 것이다.

리츠칼튼(Ritz-Carlton)도 마찬가지다. 세계적으로 체인을 운영 중인 이 호텔은 객실의 냄새에도 신경을 쓴다. 호텔 운영에 있어 우선순위가 그다지 높지 않은 냄새에까지 세심하게 신경을 쓴다는 것은 침대나 식사, 청소에 관해서는 그 이상으로 관리를 하고 있음을 의미한다. 즉, 리츠칼튼은 고객에게 좋은 이미지를 심어주기 위해 냄새에 포커스를 맞추고 브랜딩을 하고 있는 것이다. 좋은 호텔이라는 이미지를 얻기 위해 설비에서부터 서비스, 사원 교육까지 일관되게 방향성을 맞춰가는 것이 리츠칼튼의 브랜드전략이다.

03.

기업 철학이란 자신의 존재 의의를 설명하는 것

기업 이념은 미래 관점으로 작성되어야 한다

기업 이념을 만들 때에는 기업이 가장 소중하게 여기는 생각을 미래지향적인 관점으로 구성해야 한다. 현재의 관점을 기준으로 하면 지금 이상의 이해관계자들을 모을 수 없다. 앞으로 어떤 사람들이 모여 어떤 조직을 만들어서 어떤 식으로 사회에 존재 의의를 만들어낼 것인지, 그것을 생각하는 것이 미래 관점이다.

한편 자신들의 존재 의의를 이야기하는 것이 바로 기업의 철학이다. 경영자나 사원은 기업의 존재 의의를 자신 있게 말할 수 있어야 한다. 자신들이 사회에 무엇을 제공하고 무엇을 표현하고 있는지 정확하게 설명할 수 있어야 한다.

경영자의 감각은 믿을 수 없다

기업의 존재 의의는 고객이 소비를 하고 투자하게 만드는 이유다. 그 이유가 명확하지 않으면 기업은 자신들이 팔고 싶은 것만을 만들거나 고객이 외면하는 값비싼 상품만을 만들게 된다. 시장에 맞는 가격이 아니면 상품은 팔 수 없고 고객들에게 이해받을 수도 없다. 시장이 무엇을 원하는지, 고객이 무엇에 흥미를 가지고 있는지, 거기에 자신들의 상품이나 서비스가 적용되는지를 정확하게 분석해야 한다.

대부분의 중소기업은 경영자의 감각을 기준으로 상품이나 서비스의 가격을 '대충 이 정도로 정하면 될 거야.'라는 식으로 결정하기 쉽다. 이렇게 감각에 의존했을 때 성공하는 경우도 있지만 실패하는 경우 역시 많다. 감각은 개인의 능력에 지나치게 의존할 수 있다는 점에서 위험성이 매우 높다. 따라서 경험과 데이터에 바탕을 둔 과학적인 분석을 해야 한다.

04. 더 이상 어정쩡한 경영은 그만!

시대 변화를 따라가려면 시장조사를 해야 한다

보통 브랜드를 구축한다고 하면 로고나 포장, 점포의 디자인을 유명한 디자이너나 건축가에게 의뢰한다는 발상을 떠올리기 쉽다. 지방자치단체에 가보면 그런 경향이 특히 두드러진다. 디자인에 있어 전문가의 센스에 기대를 거는 부분도 있지만 지명도 높은 사람을 기용하여 자기과시를 하거나, 혹시 어떤 문제가 발생했을 때 이름이 알려진 사람이라면 안심할 수 있다고 생각하기 때문이다. 과거에는 이것도 나쁘지 않은 방법이었다. 유명한 디자이너에게 맡겨만 두면 특별한 문제가 발생하지 않는 시대도 분명히 있었다. 하지만 지금은 그런 식의 '어정쩡한 경영'은 통하지 않는다!

데이터를 수집하고, 분석하고, 인터넷이나 SNS에서는 현재 어떤 말들이 트렌드인지, 소비자는 무엇을 원하는지, 경쟁사는 지금 무엇을 하고 있는지, 경계해야 할 기업은 어디이고 그 기업의 상품이 잘 팔리는 이유는 무엇인지 등을 파악하기 위해 철저하게 시장조사를 해야 한다.

어정쩡한 경영을 하면 그에 어울리는 사람들만 모인다

이제 기업의 경영전략과 브랜드전략은 하나로 묶어 생각할 필요가 있다. 상품이나 서비스는 물론이고, 유능한 인재를 모으려면 인사 평가 제도나 복리 후생 등의 이너 브랜딩(inner branding)도 브랜드전략의 일환으로 생각해야 한다.

우리 회사는 무엇을 위해 이 복리 후생에 신경을 쓰는지, 구인 활동이나 인재 육성은 어떻게 이루어져야 우리 회사의 기업 이념에 맞는지 등을 신중하게 생각해야 한다. 단순히 세상이나 사원들이 원하고 있다는 이유로 그것을 그대로 제공하는 것은 의미가 없다.

흔히 인재를 모집할 때 "우리 기업은 여성이 일하기 편한 회사입니다."라는 식으로 어필하는 기업이 있다. 이처럼 단순히 인재를 모으기 위해 달콤한 말을 늘어놓는 기업과, 사내에 지원 체제가 확실하게 갖추어져 있고 여성이 임원으로 승진한 실적이 있으며, 여성이 활기차게 일을 할 수 있는 사풍이 확립된 기업은 수준이 전혀 다르다. 우수한 사람이라면 이를 즉시 간파할 수 있을 것이다.

구글을 예로 들면, 응모자를 대상으로 몇 번이나 면접을 보는 한편 출산 휴가를 마치고 업무에 복귀하려면 어느 정도의 기간이 이상적인가 하는 세밀한 부분까지도 검증을 거듭하여 그 수치를 제시한다. 이것이 이너 브랜딩이다. "다른 기업에서도 이렇게 하고 있으니까."라는 식의 어정쩡한 태도로는 우수한 인재를 모을 수 없다. 상품 제안이건 인재 육성이건 어정쩡하게 실행하고 있는 기업에는 어정쩡하게 입사한 직원과 어정쩡한 고객밖에 모이지 않는다.

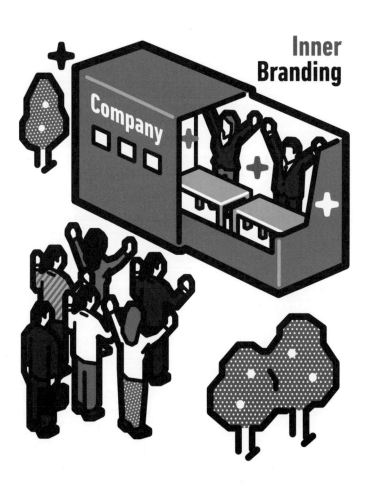

05.

지난해와 같은 식의
상품은 통하지 않는다

지난해의 인기 상품이 올해는 '외면 상품'

시대 변화가 워낙 빠르기 때문에 자기도 모르게 지금까지의 연장선에서 비즈니스를 실행하는 경우가 있는데 이런 태도는 시장에서 즉시 외면당한다. 이제 어제의 연장선 위에서 행동을 했다가는 쇠퇴하고 마는 시대다. 작년에 히트했던 상품이 올해는 통하지 않을 가능성이 높다. 서비스는 계속 진화해야 한다. 작년에 별 3개를 받았던 서비스도 진화하지 않으면 타사의 서비스들에 파묻혀 "서비스가 부족하다."는 평가를 받기 쉽다.

모두들 예상하겠지만, 인공지능(AI)이 발달하면서 지금까지 사람이 담당했던 몇 가지 업무들을 컴퓨터나 로봇이 대신하게 될 것이다. 과거의 주판이 계산기로 바뀌고, 이후 통신이나 문서 작성을 컴퓨터가 맡게 되었다. 이와 비슷한 현상이 모든 현장에서 발생하고 있다. 이것을 '제4의 물결'이라 부르는 사람도 있다.

지금은 20년 전처럼 사무실에서 타이핑만 담당하는 사람은 없다. 타이피스트도 전화교환원도 사라졌다. 앞으로도 지금까지 당연하다고 여겼던 업무가 사라질 가능성이 매우 높다. 그렇기에 어제의 연장선 위에서 장래의 전략을 세워서는 안 된다.

중요한 건 데이터를 해독하는 능력이다

기업들은 시장조사를 할 때 자신들의 어떤 점이 고객에게 지지를 얻고 있는지, 경쟁사들은 무엇을 알리려 하고 있으며 자신들에게는 무엇이 부족한지, 그런 데이터를 활용하여 앞으로 무엇을 제공할 것인지를 진지하게 생각한다. 그 결과로 나온 시장의 욕구에 기업의 이념과 사고를 맞추면서 상품과 서비스를 제공하여 이미지를 높인다. 즉, 브랜드 만들기에 전념하고 있다.

이때 조사 기관으로부터 제공받은 데이터를 해독하는 기술이 무엇보다 중요하다. 분석하기에 따라 경계하고 주시해야 할 경쟁사가 달라질 수 있기 때문이다. 어떤 와인 회사는 지금까지 와인 매장에서 승부를 해왔지만 데이터를 분석한 결과, 테이블 와인으로서 맥주와 같은 가격으로 승부를 해야 한다는 판단에 방향을 전환하여 가격이 낮은 와인을 시장에 내놓게 되었다. 그 결과 세계적으로 높은 시장점유율을 확보하는 데 성공을 거두었다.

자신들이 승부를 걸어야 할 시장이 어디인지, 앞으로의 가능성은 어디에 감추어져 있는지를 데이터를 바탕으로 생각할 수 있어야 한다. 동시에 시장 분석이나 제안이 올바른 방향을 향하고 있는지를 항상 검증하는 자세도 필요하다.

06. 위기감을 놓치지 않는 기업만이 살아남는다

브랜딩이란 장래를 위해 지금 씨앗을 뿌리는 것

세상에서 살아남으려면 지금까지의 발상을 완전히 바꿔야 한다. 그런 위기감을 가진 기업만이 성장할 수 있다. 현 상태를 유지하기만 하면 되는 게 아니다. 공격적이고 도전적인 체질을 갖추어야 한다. 지금 '이 정도로 이름 있고 매상도 안정된 상태에서 굳이 모험을 할 필요는 없다.'는 보수적인 체질을 가진 기업은 브랜드에 대한 투자를 생각하지 않을 수 있다.

극단적인 말이지만, 자신의 대에서 사업을 끝내려는 기업이나 공장의 경영자는 설비투자는 하지 않을 것이다. 하지만 다음 세대에 물려줄 생각을 하고 있다면 지금 미리 대비해야 한다는 생각으로 위기감을 가지고 경영을 해야 한다. 장래에 보다 비약할 수 있도록 씨앗을 뿌리는 작업이 브랜딩이다. 다음 세대나 지금 입사한 신입 사원들을 위해 무엇인가를 남기기 위해 투자하는 것이 브랜딩 전략이다.

전문가의 발상에 투자한다

경영전략에서 경영자의 발상만으로는 가치 있는 결과를 낳기 어렵다. 예를 들어 30년 전의 야구와 지금의 야구는 전혀 다르다. 따라서 30년 전에 야구를 했던 사람이 그 당시의 지식이나 감각을 고수한다면 초보자는 가르칠 수 있을지 몰라도 일류 선수는 육성할 수 없을 것이다.

이와 마찬가지로 경영자 자신이 현장의 최전선에서 움직이면서도 업계나 자사의 상황을 숙지하지 못하고 있는 상태라면 그 방면에 정통한 전문가를 도입해야 하며, 타사는 미래를 위해 지금 무엇을 하고 있는지를 철저하게 조사해야 한다.

하지만 장래를 위한 브랜드전략에 투자하는 기업은 매우 적다. 경영 상황이 나빠서가 아니다. 여유가 있는데도 브랜드전략에 투자를 하지 않은 이유는 거기에서 가치를 찾지 못하기 때문이다. 반대로, 여유가 없어도 위기감을 느끼는 기업은 살아남기 위해 필사적으로 전문가를 영입하거나 책을 읽고,

공부를 한다. 긴 안목으로 보면 양쪽의 입장은 언젠가 역전될 가능성이 높다.

창업한 지 수백 년이 된 대기업조차 창업 당시의 이념과 현재 자신들의 역할을 합쳐서 브랜드를 재구축할 때에는 외부에서 전문가를 불러들여 함께 논의한다. 그 시대, 그 사회에 적합한 '비전(vision)', '미션(mission)', '가치(value)'를 구축하려면 외부인과의 논의가 반드시 필요하다는 인식을 가졌기 때문이다. 전통이라는 이름 위에 자리 잡고 앉아 있는, 독선적인 사풍을 경계하는 것이다. 또 외부의 전문가와 논의를 하다 보면 브랜드를 구축하는 쪽으로 사원들의 마음을 끌고 갈 수 있는 효과도 기대할 수 있다.

07.
도전하는 기업에는 재미있는 사람들이 모인다

우리 회사에는 스스로 생각하는 인재가 얼마나 있을까

도전하지 않는 기업, 재미있는 일을 하지 않는 기업은 사원들이 스스로 생각하고 몰두하는 경우가 적은 기업이다. 스스로 생각할 줄 아는 사람이 적으면 '지금 이대로가 좋아. 복잡하게 생각하는 것보다 지금 상태를 유지하는 게 나은 것 같아.'라고 생각하는 사람들만 모이게 된다. 이런 환경은 도전 정신이 있는 사람들을 떠나게 만든다. '좀 더 재밌는 걸 해보고 싶은데 회사가 그 방향을 향하지 않는다면 나는 여길 나갈 수밖에 없어.'라고 생각하는 사람은 회사를 나가고, '어차피 무슨 말을 해도 바뀌는 게 없어. 여기는 브랜드도 어느 정도 갖추어졌으니 그냥 편하게 가자.' 하고 생각하는 사람들만 남게 된다. 소니(SONY)가 왜 쇠퇴했는지를 생각해보자. 워크맨으로 성공을 거두어 여유 자금도 있었을 시기에 인재 발굴에 투자해 능력 있는 청년들을 채용했다면 지금의 글로벌 스탠더드는 애플이 아니라 소니가 되었을 것이다.

가까운 미래에는 일상적인 업무를 인공지능이 대신하게 될 것이다. 인간은 창조적인 발상으로 제안하는 일만 담당하게 될 것이다. 지금 재미있는 일을 하려는 인재를 육성하는 데 투자하지 않는 기업에는 나중에 어떤 사람들이 남게 될까. 현재 상태를 유지하면 된다고 생각하는 기업, 도전하지 않는 기업, 사원들이 도전하도록 유도하지 않는 기업에는 인재들이 모이지 않는다. 매니지먼트의 관점으로 보면, 명령대로만 움직이는 사원들이 많은 기업은 앞으로 커다란 부담을 안게 될 것이다.

08. 우리 기업이 아니면 할 수 없는 일을 추구하라

우리가 아니면 할 수 없다는 자긍심

브랜드 구축을 극단적으로 표현하자면 그 기업이 아니면 할 수 없는 일을 추구하는 것이다. 경영자는 기업의 방향성이나 이념을 바탕으로 그 기업이 아니면 실현할 수 없는 것을 사회에 표현하고 그 문화를 지켜야 한다. 에르메스(Hermes)는 에르메스만의 문화를 가지고 있다. 프랑스의 기술자를 활용하여 자신들만이 표현할 수 있는 것을 추구한다.

일본의 가족 경영 문화는 세계적으로 유명하다. 200년 이상 이어지고 있는 기업도 전 세계에서 가장 많다. 상장 기업의 절반 정도는 가족 기업이다. 가족 기업들은 결국 문화가 있기 때문에 남아 있는 것이다. 그 기업의 문화가 사회에서의 존재 이유다. 사회가 지금도 원하는 패밀리 비즈니스는 "우리가 아니면 할 수 없다."는 자긍심과 독창성이 명확히 갖추어진 비즈니스다. 그렇지 않으면 살아남을 수 없다.

눈에 보이지 않는 것이야말로 가치 있는 문화다

지금은 3D 프린터가 있기에 에르메스와 똑같은 천을 사용해서 똑같은 모양을 얼마든지 만들어낼 수 있다. 하지만 스캔을 하고 재료를 분석해서 그대로 복제는 할 수 있다고 해도 그것은 결코 에르메스라 할 수 없다. 이렇게 보면 에르메스는 눈에 보이는 것을 팔고 있는 게 아니라는 생각이 든다. 눈에 보이는 것과 보이지 않는 것 중에서 어느 쪽이 더 값질까? 단연 눈에 보이지 않는 것이 더욱 가치가 있다.

페라리(Ferrari)는 원가가 2천만 엔 이상 들어가는 자동차가 아니다. 눈에 보이지 않는 브랜드전략과 자동차에 담긴 사고방식 때문에 사람들은 그것을 타는 데에서 기쁨과 만족감을 느끼며 비싼 금액을 지불한다.

또 샤넬 브랜드에 돈을 지불하는 사람은 가브리엘 샤넬(Gabrielle Chanel; 코코 샤넬)이라는 1883년에 태어난 여성의 인생관에 돈을 지불하는 것이다. 그녀의 브랜드가 전 세계 여성들에게 받아들여진 이유는, 스스로도 말했듯 단순한 패션이 아닌 "항상 멋진 여성이고 싶다."는 스타일을 만들었기 때문이다. 그녀가 디자인한 기능적인 의상은 여성의 사회생활과 삶을 바꾸어놓았다. 가브리엘 샤넬은 사업을 통하여 자신이 그리는 비전을 세상에 널리, 그리고 확실하게 표현해 시대를 바꾸었다.

사람들이 나이키의 운동화를 신는 이유는 창업자 필 나이트(Phil Knight)의 'JUST DO IT'에 공감을 느끼기 때문이다. "첫 한 걸음을 내디딜 수 있다면 인생을 앞으로 전진시킬 수 있다."는 그의 강렬한 사고방식은 육상 선수들의 마음을 열기에 충분했다.

지금 성장 과정에 놓여 있는 기업은 작은 부분에서라도 자신들만이 할 수 있는 것에 도전하여 자신들의 문화를 만들어야 한다. 가족에게는 가족의 규칙이 있고 조직에는 조직의 규칙이 있다. 규칙이 존재하는 이유는 그 안에서 우리가 '소중히' 여기는 것이 있기 때문이다. 예를 들어 식구들이 다같이 모여 저녁 식사를 하는 것을 중시하는 가족도 있고 주말에 집 청소하는 것을 중시하는 가족도 있다. 각각이 가족의 문화다. 이와 같이 기업도 소중하게 여기는 대상이 있어야 한다. 우리 회사는 무엇을 소중히 여기는지를 경영자는 사원들에게 분명히 알리고 전달해야 한다.

기업은 가족과 달리 타인들이 모인 집단이기에 방향성을

제시하는 도면이 필요하며 목표를 정하고 그곳에 닿기 위한 사고방식도 정립해놓아야 한다. 그렇기에 기업에는 모든 사원이 하나로 뭉칠 수 있는 콘셉트가 반드시 필요하다.

09.

기업에서의
모든 활동은
브랜딩과 연결된다

이너 브랜딩과 아우터 브랜딩

기업 브랜딩은 이너 브랜딩과 아우터 브랜딩(outer brand-ing) 두 가지로 구축된다. 이 둘은 따로 존재하지 않는다. 서로 상호 보완적이기 때문에 한쪽만 존재할 수는 없다. 다시 말해 자동차의 양쪽 바퀴와도 같은 관계인 것이다.

이너 브랜딩이란 사원들에 대한 대처이며 주로 일상 업무나 연수에서 브랜드성을 실현하는 것이다. 기업 이념에 맞는 '실천 행동'을 촉진하고 방향성을 두고 브랜드의 질을 향상해 나간다.

아우터 브랜딩은 회사 밖 외부인에 대한 대처이며 주로 홍보나 광고 활동으로 브랜드력을 만드는 것이다. 고객의 '경험 가치'를 풍부하게 하고 자사에 대한 브랜드 로열티(상표 충성도)를 만들어내는 것이 목적이다.

사원들의 행동이 고객의 경험을 만든다

경영자는 기업 이념(비전, 미션, 가치 등)을 만든다. 모든 출발점은 여기에 있다. 그리고 기업의 존재 가치를 명확하게 하고 비전을 달성하기 위해 사원들 각자에게 필요한 행동을 이해하기 쉽도록 전달해야 한다.

이너 브랜딩에서는 사원 각자가 자사의 브랜드를 이해하고 동일한 기업 문화를 함께 추구할 수 있도록 브랜드의 이해와 실천을 촉진한다. 아우터 브랜딩에서는 경쟁사와의 차별화를 도모한다. 따라서 필수적으로 기업 문화에 맞는 서비스를 제공하는 등의 시각적인 전개가 이루어져야 하고 각종 활동을 통해 사외에 브랜드를 침투시켜야 한다.

이너 브랜딩에는 사원을 채용할 때부터의 직원 교육, 연수, 인사 평가 제도, 사업 계획 등이 있고, 아우터 브랜딩에는 광고, 홍보, 영업 활동 등이 있다. 즉, 기업에서의 모든 활동은 '브랜드 만들기'라는 것이다. 이 두 가지 브랜딩이 사업을 성장하게 하고 기업의 가치를 향상시켜준다. 사원들의 '행동'이 고객의 '경험'을 만들고, 그것이 고객의 마음속에 '브랜드'로

자리 잡게 된다.

이너 브랜딩에서 중요한 것은 기업이 소중히 여기는 문화를 사원들에게 깊이 인지시키는 것이다. 여기서 자사의 문화를 명확히 구축한 뒤에 직원들에게 전달하고 정착시키는 것이 중요하다. 기업 문화를 명확하게 하려면 기업 이념을 담은 문화 관련 서적 등을 이용하여 표현하는 것이 좋다.

기업 문화의 침투는 인지적 이해, 정서적 공감, 실천 행동이라는 세 가지로 성립된다. 즉, '생각을 이해하고 공감하기 때문에 행동으로 옮길 수 있는' 것이다. 이른바 직원들의 행동의 질을 기업 문화에 맞추어 높여가는 품질 관리(QC; Quality Control) 활동인 것이다. 이후 기업 문화가 올바르게 침투해 있는지 정기적으로 점검해야 한다.

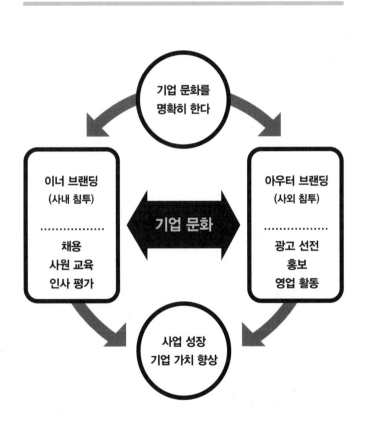

chapter 2

기업 브랜드는
직원이 만든다

기업 브랜드를 만드는 것은 경영자도 아니고
미디어도 아니다. 그 기업에서 일하고 있는
사원들이다. 모든 기업의 이미지는 사원의 행동으로
반영된다. 그만큼 기업에서 사람은 매우 중요하다.
따라서 사업의 목적이나 기업 이념을 이해시키고
자발적으로 움직일 수 있는 사원으로 육성해야 한다.

10. 기업 이념을 사내에 침투시킨다

기업 브랜드는 사원들의 행동으로 표현된다

고객을 포함하여 일반인들은 무엇을 기준으로 그 기업에 대한 이미지를 가질까? 다시 말하면, 외부인들은 무엇을 보고 그 기업을 평가(브랜딩)할까? 49쪽의 그래프를 보면 한눈에 알 수 있다. 기업의 브랜드 가치를 올려주는 것은 경영자도 아니고 미디어도 아니다. 그 기업에 근무하고 있는 사원들이다! 이너 브랜딩의 중요성을 거듭 이야기하는 이유는, 그래프를 통해서도 알 수 있듯이 기업 이념을 사내에 침투시키는 것이 사외에 홍보를 하는 것 이상으로 브랜드 구축에 큰 영향을 주기 때문이다.

반대로 "모든 기업의 브랜드는 사원들의 행동으로 표현된다."고 말할 수도 있다. 혹시 이런 경험이 있지 않은가? 매력적인 광고를 내보내고 평소 '고객주의'를 구가하는 기업인데, 실상은 그곳에서 일하는 사원들의 태도가 불량해서 환멸을 느낀 적 말이다. 사원들의 행동에 의해 그동안의 환상이 깨지고 모든 것은 물거품이 될 수 있다. 고객은 속일 수 없다! 반대의 경우도 있다. 설사 점포 내부가 오래되어 낡았다 해도 사원들의 접대가 품격이 있고 세련되었다면 고객들은 '여긴 전략적으로 낡은 인테리어를 해놓았구나.' 하는 식의 호의적인 해석을 할 것이다.

사업에서 사람이 차지하는 범위는 매우 커서 상대방에게 강렬한 인상을 남긴다. 그렇기 때문에 사원이 자신이 소속된 회사의 사업 목적을 정확하게 이해하고 자발적으로 움직일 수 있어야 한다.

매뉴얼은 만능 해결책이 아니다

사원들 각자가 사업의 목적이나 이념, 가치관을 이해하고 움직이는 것과 그저 매뉴얼대로 움직이는 것은 본질적으로 다르다. 예를 들어 도쿄 디즈니랜드를 운영하는 오리엔탈 랜드(Oriental Land)는 "꿈을 팔고 있다."는 점에 있어서 직원들 사이에 공통적인 이해가 형성되어 있다. 고객을 소중히 여긴다, 고객에게 즐거움을 선물한다는 문화가 철저하게 뿌리를 내리고 있다. 오리엔탈 랜드는 외부 거래처에도 그 이념에 대한 이해와 함께 이념을 실현하기 위한 품질을 요구한다.

당연히 매뉴얼도 존재하지만 이는 이념에 바탕을 둔 것일 뿐이며, 매뉴얼이 미치는 범위 밖의 일에 대해서는 도쿄 디즈니랜드의 직원으로서 어떻게 행동해야 할지 본인들의 가치관에 맞게 바람직한 행동을 하도록 문화가 확실하게 자리 잡혀 있다.

직원들에게 브랜드에 대한 로열티, 즉 충성심이 있다면 매뉴얼의 범위를 초월하여 올바른 행동을 취할 수 있게 된다. 반대로 아무리 매뉴얼과 규칙이 정비되어 있다 해도 무엇을 위해 그것을 지켜야 하는지 직원들이 숙지하지 않는다면 브랜드의 가치를 훼손하는 직원들의 태도는 사라지지 않을 것이다.

Q 기업 브랜드는 어디에서 탄생하는가?

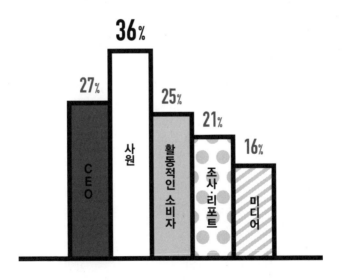

소비자는 모든 면(상품·서비스, 성실함, 수익성, 애착심 등)에서
사원들에 대한 느낌으로 기업 이미지를 인지한다.

11. 사원이 스스로 움직이게 한다

매뉴얼만으로는 불성실한 행동을 막을 수 없다

매뉴얼은 매우 중요하다. 하지만 모든 것을 매뉴얼만으로 대응하기는 어렵다. 어떤 외식 기업의 중국 생산 공장에서 사원들이 닭튀김을 발로 걷어차는 동영상이 논란이 된 적이 있다. 그 기업은 세계 최고라 할 수 있을 정도의 상세한 매뉴얼을 완비해 어떤 지점을 가더라도 맛이 다르지 않은 똑같은 품질의 상품을 제공했다. 그런데 그런 불상사가 일어났다는 건 결국 사원들이 자신들이 무엇을 위해 이 상품을 제공하고 있는지 그 목적을 확실하게 공유하지 못하고 있었기 때문이다. 한 편의점에서 아르바이트생이 장난삼아 아이스크림 냉장고 안으로 들어가는 행동을 한 이유도 결국 그 기업의 가치관을 인지시키는 교육을 게을리했기 때문이다.

당연하지만 기업의 매뉴얼에는 '아이스크림 냉장고 안에 들어가서는 안 된다'는 내용은 없었을 것이다. 상식적으로 생각하면 당연히 해서는 안 되는 행동이기에 그렇다. 만약 그런 내용을 포함시켜야 한다면 생각할 수 있는 모든 문제를 매뉴얼에 기입해야 할 것이고, 그건 불가능한 일이다. 매뉴얼에는 쓰여 있지 않지만 기업 이념이나 문화가 확실하게 사원의 마음속에 침투해 있으면 그곳에서 사원들은 자신이 어떻게 행동해야 할지 충분히 이해할 수 있다.

SNS가 완전히 개인의 정보 발신 통로로 정착되었기 때문에 예전처럼 불상사를 은폐할 수도, 사건이 발생한 이후에 무마하기도 어렵다. 무슨 행동을 하든 즉시 들통이 나는 시대다. 기업이 사원이나 아르바이트생의 행동을 매뉴얼로 묶는 것보다는 자신들이 소중히 여기는 가치관을 침투시키는 쪽이 리스크 관리 측면에서 더욱 효과적이다.

12. 가치관을 공유하여
불행을 방지한다

매뉴얼을 강요할 필요가 없다

직원들의 행동을 매뉴얼로 묶으려 하는 기업은 매뉴얼의 틈새를 빠져나가 끊임없이 발생하는 다양한 문제에 대한 대응이 늦을 뿐 아니라 시간과 비용을 낭비하게 되고 브랜드력도 낮아진다. 기업 이념을 침투시키기 위해 노력하고 이너 브랜딩에 신경 쓰는 기업은 그 기업의 가치관에 공감하여 입사한 사람이 많기 때문에 사원들이 모두 같은 방향을 향해 달려간다. 굳이 많은 비용을 들여 상세한 매뉴얼을 도입할 필요가 없는 것이다.

프로야구 선수가 좋은 성적을 내지 못해 1년 만에 팀에서 방출되더라도 불평은 하지 않는다. 일반 기업에서 1년차가 된 신입 사원이 "자네, 나가줘야겠어."라는 말을 듣는다면 심각한 이야기가 되겠지만 프로야구는 실력만으로 승부를 거는 세계라는 사실을 선수와 구단이 서로 이해하고 있기 때문이다. 프로로서 통할 수 있다는 판단이 내려지면 계약은 지속된다는 방침을 서로 충분히 이해한 상태에서 들어간 것이기에 능력이 없으면 당연히 떠나야 한다고 생각한다.

가치관을 공유할 수 있는 사람을 뽑는다

채용에 있어서도 마찬가지다. 기업은 자신들의 브랜드나 이념, 사고방식을 입사 희망자들에게 미리 명확하게 제시해야 한다. 그 설명을 듣고 가치관을 공유할 수 있는 사람이 입사를 한다면 이후에 "이럴 리가 없어!" 하는 예상 밖의 사건은 발생하지 않을 것이다. 기업의 이념에 공감하지 못하는 사람, 가치관을 공유할 수 없는 사람이 들어오면 서로에게 불행을 초래하게 된다. 누군가가 극단적으로 생산성이 낮거나 예상 못한 일이 발생하는 이유는 사원들의 능력에 문제가 있어서라기보다는 가치관을 공유할 수 없는 사원이 입사했기 때문인 경우가 많다.

채용과 관련된 정보를 제공할 때에는 자사의 색깔을 분명하고 확실하게 밝혀야 한다. 현실과 동떨어진 정보를 제시하면 결과적으로 서로에게 후회만 남는다. 사풍이나 색깔이 자신과 맞아서 일하고 싶어 하는 사람을 채용해야 한다.

금전적인 조건만으로 회사를 선택하는 사람은 더 나은 조건을 제시하는 곳이 생기면 즉시 그쪽으로 옮겨간다. 누구라도 상관없으니 일단 직원을 채용하고 남고 싶은 사람만 남으면 된다는 식의 어정쩡한 방식으로는 결국 아무도 남지 않게 되고, 신입 사원 육성에도 쓸데없는 비용만 낭비하게 된다.

구직자는 다양한 창구를 통하여 기업을 선택하는데, 최종적으로는 홈페이지를 확인한다. 그렇기 때문에 홈페이지는 경영자의 의도를 확실하게 반영하여 만들어야 한다. 회사나 일에 대한 경영자의 사고방식을 동영상이나 문서로 분명하게 전달해야 한다. 독선적인 내용이나 표현으로 흐르지 않도록 전문 컨설턴트에게 의뢰해 제삼자의 기준으로 정리를 하는 것도 좋은 방법이다.

13. 개인이 성장해야 기업도 성장한다

자신이 성장하고 있음을 실감할 때 가장 즐겁다

취미의 세계에서는 자신이 성장하고 있음을 느낄 때가 가장 즐거운 법이다. 낚시, 골프, 장기 등 어떤 활동이건 자신의 실력이 향상되었다는 것을 실감하면 꾸준히 지속할 힘이 생긴다. 실력 때문에 고민한다거나 정체되어 있다거나 더 이상 향상될 가능성이 없다는 느낌이 들 때 우리는 다른 취미를 찾기 시작한다.

사원들에게도 자신이 성장하는 것에 대한 문제는 매우 신경이 쓰이는 부분이다. 더구나 자신의 성장을 회사나 상사로부터 받는 평가를 통하여 실감할 수 있다면 일에 대한 의욕은 상승한다.

사원의 행동이 브랜드 콘셉트와 어긋나지는 않는가

사원 교육도 그 기업의 브랜드 이미지와 일치하는 방식으로 이루어져야 한다. 즉, 어떤 인재로 육성하고 싶은지 콘셉트가 갖추어져 있어야 하며 그에 맞는 사원 교육 메뉴를 만들어야 한다. 그럴 경우 반드시 외부의 인재 교육 전문 기관에 의뢰할 필요는 없다. 외부에서 강사를 초빙하는 것도 나쁘지는 않지만 기본적으로는 직원들의 일상의 행동이 브랜드의 콘셉트와 어긋나 있지 않은지를 피드백이나 커뮤니케이션을 통하여 확인하는 것이 중요하다.

배울 때에는 무엇을 위해 공부를 하는 것인지 목적이 분명해야 한다. 배움을 통해서 자신의 성장을 실감할 수 없다면 더는 의미가 없다. 사람은 즐거울 때 집중력이 높아지고 평소 이상의 의욕을 발휘하게 된다. 그것을 어떻게 조직 안에서 만들어갈 것인지를 진지하게 생각해야 한다.

14. 평가 제도로 사원들의 성장을 격려한다

어떤 식으로 성장해야 하는지 평가를 통해 전달한다

평가 제도는 기본적으로 사원들 각자가 그 기업 안에서 성장할 수 있다는 사실을 실감하도록 하기 위한 것이어야 한다. 평가 제도는 기업의 방향성, 그리고 기업 이념이나 브랜드가 원하는 방향을 확실하게 제시하고 그 조직 안에서 작년보다 어떤 식으로 얼마나 더 성장했는지, 앞으로는 어떻게 성장해야 하는지를 전달하기 위한 도구여야 한다.

평가라고 하면 주로 감점하는 방식을 적용하기 쉽다. 하지만 매주이건 매달이건 상관없이 적어도 1년에 한 번은 직원들에게 "당신은 이만큼 성장했습니다."라는 사실을 전달하는 긍정적인 평가가 있어야 한다.

개인이 성장해야 기업도 성장할 수 있다. 개인의 성장이 없으면 기업의 성장도 없다.

평가를 전하면서 경영자의 사고방식도 전한다

평가를 전하는 과정은 기업 이념이나 경영자의 사고방식을 전하는 과정이기도 하다. 사원들의 사고방식이나 행동이 기업의 방향성에 맞는지 정기적으로 피드백하여 어긋나는 부분이 있다면 수정하는 것이 중요하다. 기업과 사원들 사이에서 생기는 다양한 문제들의 대부분은 커뮤니케이션 부족으로 인해 발생하기 때문이다.

평가와 관련된 문제도 그렇다. 결정을 내리기 전에 대화를 나눌 기회는 얼마든지 있다. "당신은 이대로 가면 이렇게 되기 때문에 이런 식으로 바꾸어야 한다."는 식으로 충분한 소통을 거친 뒤에 결정을 내려야 한다. 소통은 전혀 하지 않은 채 갑자기 평가를 내리고 결정해버리기 때문에 불만이 발생하는 것이다.

15. 변화에 대응할 수 있는 인재를 키운다

전략적 조직 이동으로 변화에 강한 사원을 만든다

적재적소의 사고방식은 브랜드전략을 진행하는 과정에서도 중요하다. 예를 들어 영업을 좋아해서 다양한 아이디어를 내고 실적을 올리던 사람이 관리직에 앉아 부하 직원을 관리하게 되자 전력을 기울이지 않는 경우가 있다. 연수를 받아도 나아지지 않는다면 그 이유는 기본적으로 그가 관리 업무를 좋아하지 않아서다. 그런 사람을 관리직에 앉히면 보물을 썩히는 결과가 된다.

인재를 배치할 때의 첫 번째 목적은 그 사람의 우수한 부분을 성장시켜주기 위함이어야 한다. 그것을 위해서는 '전략적인' 조직 이동을 시켜야 구성원이 그로 인해 자극을 받아 자신의 껍질을 깨고 나온다. 앞으로는 조직은 물론이고 사원 각자도 변화에 적절히 대응할 수 있어야 한다. 사회나 환경의 변화에 대한 대응력을 갖춘 사원을 육성하지 않으면 기업도 변화에 뒤처지게 된다.

이동시킬 때에는 그 사람의 특징을 충분히 숙지한다

성장하는 기업(대표적인 예로 가구회사 '니토리')은 이동이 잦아 2~3년마다 부서를 바꾼다. 구성원들을 변화에 강한 인재로 만들기 위해서다. 사람은 한자리에 그대로 앉혀두면 현재 상태를 유지하는 게 자신의 목적이라고 착각하기 쉽다. 직원이 그 방식에 익숙해질수록 마음속에는 '이 상태를 바꾸고 싶지 않아.' 하는 심리가 작용한다.

니토리는 '장래에서 역산한다'는 사고법으로 현재 상태를 유지하려는 습관을 타파하기 위해 노력하고 있다. 사고의 기준을 현재 상태가 아닌 장래에 두는 방법으로, 직원 모두가 변화는 당연한 것이라고 생각하는 문화를 만들었다. '변화한다' 또는 '변화하지 않는다'가 아니라 '언제 변할 것인가'를 논의하는 풍토를 조성했다. 니토리는 사원 전체에게 가장 적합한 방향으로 여러 부서에 걸친 인사 배치를 실시하고 있다. 최종적으로는 각 사원을 적재적소에 앉히는 것이 절대적인 목적이지만, 무엇보다 변화에 대응할 수 있는 인재를 육성한다는 의식을 가지고 실시하고 있다.

직원을 종신 고용하는 것이 전제 조건인 일본 기업들과 달리 해외에서는 기본적으로 연간 계약으로 일하기 때문에 다니는 회사가 바뀔 때마다 다른 환경으로 옮겨간다. 따라서 변화하는 건 당연하다는 의식이 존재한다. 하지만 일본인들에게는 그런 의식이 없다.

앞으로의 기업은 환경이나 상황이 바뀌었을 때 즉시 대응할 줄 아는 인재를 얼마나 보유하고 있는지가 승패를 가르는 중요한 요인이 될 것이다. 그렇기 때문에 사원들이 변화와 도전에 익숙해지도록 만들어야 한다. 단순히 이곳저곳으로 이동시키는 것이 아니라 적재적소에 배치할 수 있도록 그 사람들의 성장을 볼 수 있는 제도나 구조를 만들어야 한다.

16. 새로운 것에 도전하는 문화를 만든다

벤처기업은 왜 신규 사업에 강할까

대기업에서 신규 사업을 위해 만든 자회사가 아무리 시간이 흘러도 궤도에 오르지 못하는 경우를 많이 본다. 그동안 적은 자본으로 시작한 기업이 눈 깜박할 사이에 상장을 하는 경우도 있다. 대기업은 자본력과 인재 면에서 모두 벤처기업보다 우월한데 왜 그런 걸까? 이는 결재를 담당하는 간부들이 새로운 일에 도전하는 문화에서 자라지 않았기 때문이라고 볼 수밖에 없다. 경영자가 새로운 일에 도전하기 위해 아무리 액셀을 밟아도 그 뒤에는 브레이크를 밟고 있는 간부들이 있기 때문이다.

대기업의 베테랑 사원은 논리적이고 경험도 풍부하다. 그런데 그 능력을 리스크를 찾아내는 데에 쓰고 있기가 쉽다. 할 수 없는 이유를 논리적으로 늘어놓는 기술만 연마하고 있는 것이다. 그렇기 때문에 스스로 생각하고 스스로 그림을 그려 깃발을 들고 나아갈 방향을 함께 바라보며 가는 벤처기업에 추월당할 수밖에 없다.

이제는 시대 변화와 환경 변화에 대응할 수 있는 기업 또는 자신들이 앞장서서 변화를 일으키는 기업이 되지 않으면 살아남기가 어렵다. 그렇게 하려면 변화가 당연하다는 문화를 사내에 만들고 발전시켜나가야 한다.

변화에 강한 사람이 변화에 강한 조직을 만든다

변화를 일상에 도입하려면 변화를 즐기는 자세와 성장을 실감할 수 있는 구조가 갖추어져 있어야 한다. 성장을 실감할 수 있는 구조란, 평가 제도와 연동한 일상적인 커뮤니케이션이 이루어지는 구조다. 여기에는 일지 같은 형식으로 코멘트를 남기는 방식이나 상사와 대면하여 확인을 하는 작업도 포함된다.

인사부 직원은 계속 인사부처에서만 일을 하는 경우가 많은데 이런 방식은 바뀌어야 한다. 영업이나 홍보 업무도 경험한 변화에 강한 사람이 인사를 담당하지 않으면 변화에 강한 조직은 만들어지지 않는다. "변화는 싫어!"라고 말하는 사람이 타인을 변화시킨다는 것은 앞뒤가 맞지 않는다. "출장도 전근도 해본 적이 없습니다."라는 사람이 인사를 담당하면 일을 위해 다른 곳으로 가야 하거나 부서 이동을 앞둔 직원들의 기분을 이해할 수 없을 것이다.

앞에서도 이야기했지만 이동은 그 사람의 장점과 특징을 충분히 이해한 후에 실행해야 의미가 있다. 창조성이 강한 사원이라면 마지막에는 창조적인 능력을 발휘할 수 있는 부서로 이동시켜야 한다. 그런 이해 없이 무작위로 이동을 시키는 건 능력을 낭비하는 일이다!

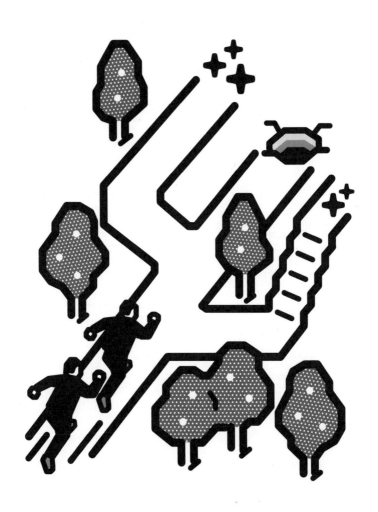

17. 일상적인 변화를 일에 도입한다

사원이 자신의 성장을 실감할 수 있는 구조를 만든다

일본인 또는 일본의 조직이 특히 힘들어하는 것이 변화에 대응하거나 새로운 일에 도전하는 것이다. 기업 문화가 도전적이지 않으면 그곳에 소속된 개인도 자연스럽게 같은 색깔로 물들어 보수적으로 변한다. 사람은 아무리 사소한 것이라도 변화하기를 싫어하는 경향이 있기 때문에 변화가 부족한 생활을 하다 보면 변화에 대응할 수 없는 사람으로 전락한다. 자기 자신을 변화에 강한 사람, 도전적인 사람으로 바꾸고 싶다면 일상의 정말 사소한 것부터 바꾸어야 한다.

탄산수를 좋아했다면 한 가지 상표에 얽매이지 말고 다양한 탄산수의 맛을 본 뒤에 자신의 입맛에 맞는 것을 선택한다. 퇴근 후 집으로 돌아가는 길을 지금까지 걸었던 길과는 다른 길로 돌아와 본다. 점심 식사를 할 때 그동안 가보지 않은 음식점을 가본다. 평소 즐겨 봤던 것과는 다른 장르의 책이나 영화를 본다. 이런 식으로 무엇이든 상관없으니 새로운 것을 찾아서 해보자.

그리고 변화를 습관화해야 한다. 변화를 고통으로 여기지 않는다는 것은 성장한다는 의미다. 성장을 실감하고 나면 새로운 일에 도전하는 게 즐거워진다. 기업의 평가 제도를 만들 때에는 사원들 자신이 일상의 작은 성장을 실감해야 한다는 점을 중시해야 한다. 본인이 성장을 실감하고 있을 때에는 업무 자체가 즐겁다. 그 성장이 사라졌을 때, 정체되어 있을 때 직원은 회사를 그만두거나 규칙을 위반하는 행동을 하게 된다. 사원이 성장을 실감할 수 있는 조직을 만드는 것, 그것이 이너 브랜딩의 핵심이다.

채용 단계와 성장을 체험하게 하는 구조를 연동한다

앞에서 나는 브랜드 구축이란 그 기업이 아니면 할 수 없는 일을 추구하는 것이며 사원들이 실현하는 것이라고 설명했다. 기업은 뜻이 같은 사람들을 모아 같은 방향을 향해 나아가는 곳이기 때문에 어떤 인재를 채용하는지가 매우 중요하다. 채용 단계에서 기업의 이념이나 사고방식, 목표, 거기에 이르는 전략을 명확하게 전하고 거기에 공감할 수 있는 인재를 채용한다.

채용한 이후에 인재를 육성할 때에는 사원들 각자가 자신의 목표를 설정할 수 있도록 지원해준다. 그렇게 해야 사원들은 매일의 성장을 실감할 수 있다. '아, 내가 이걸 할 수 있게 되었어!'라는 식으로 전향적인 마음을 가지게 하는, 의욕을 높여주는 구조를 만들어야 한다.

사원들 각자의 작은 성장과 기업의 브랜딩은 밀접하게 연결되어 있다. 인재를 채용하는 창구와 성장을 체험하게 하는 구조가 확실하게 연동되지 않으면 서로에게 불행한 일이 발생한다.

18. 리더는 그림을 그릴 수 있어야 한다

목표를 향하여 전체적인 그림을 그릴 수 있어야 한다

리더는 어떤 존재여야 할까? 리더는 그림을 그릴 수 있는 사람이어야 한다. 여기서 그림이란 비전이다. 비전, 즉 도면을 확실하게 그려야 한다. 집을 지을 때 도면이 정확히 그려지면 목수가 그대로 집을 지을 수 있고 업자에게 재료를 발주할 수 있다. 하지만 어정쩡하게 "이런 집을 가지고 싶습니다."라고 말한다면 아무도 움직일 수 없을 것이다. 목표와 그 목표에 도달하기 위해 무엇이 필요한지 전체적인 모습을 제시하는 것이 리더가 해야 할 일이다. 대기업의 대단한 점은 경영자가 비전을 분명하게 제시하지 않더라도 사원들이 움직일 수 있다는 것이다.

기업은 사장의 그릇 크기 이상으로 커질 수 없다

그러나 성장기의 기업이나 소규모 기업은 무언가 목표가 없으면 그곳으로 갈 수 없다. 월트 디즈니(Walt Disney)도 말했듯 자신이 꿈에 그리는 것, 이미지로 그릴 수 있는 것 외에는 실현이 불가능하다.

비전을 실현시킨 경험이 있으면 새로운 비전이 실현되는 이미지도 그릴 수 있다. 입사 초기에는 커다란 프로젝트가 실현된 이미지를 머릿속에 그릴 수 없지만 경험이 쌓이면 자신도 할 수 있다고 생각하고 이미지를 그릴 수 있게 된다. 사원들에게 그림을 그려 새로운 비전을 제시하는 것이 경영자가 해야 할 일이다.

성장하지 않는 기업은 사장이 청사진을 그리지 못해서다. 사장이 이미지로 그릴 수 없는 것은 아무도 실현할 수 없다. 사장의 그릇 크기 이상으로 기업이 커질 수 없다는 말이 여기에서 나왔다.

19. 최종 목표가 어디인지 놓치면 안 된다

경영자는 목표를 놓치면 안 된다

그림을 그렸다면 마지막 목표를 놓쳐서는 안 된다. PR 제작물을 만드는 프로젝트가 있는데 도중에 PR 제작 자체가 목표가 되어버렸다면 목표를 놓친 것이 된다. 사실은 그 PR 제작물을 통하여 보다 많은 사람에게 자신들의 생각을 이해시키는 것이 목표다. 즉, PR을 제작하는 것은 목표가 아니라 출발점이다. 하지만 도중에 과정이 힘들기 때문에 일단 그것을 제대로 완성해야 한다는 생각이 앞서 본래의 목표에서 벗어나는 경우가 있다. 늘 자신들의 최종적인 목표가 어디인지를 절대로 잊지 말아야 한다. 특히 경영자도 함께 참여하는 경우 목표를 놓치기 쉬우니 주의해야 한다.

사장이 하는 일은 무엇일까

기본적으로 경영자는 경영자밖에 할 수 없는 일을 해야 한다. 관리직도 마찬가지로 그 사람만이 할 수 있는 일을 하지 않으면 의미가 없다. 물론 다른 일을 하는 직원들도 자신이 아니면 할 수 없는 일을 해야 한다. 평범한 일이라면 누구나 할 수 있다. 나는 사원들에게 반드시 그 사람이 아니면 할 수 없는 무엇인가를 일을 통해 표현하라고 요구한다.

성장기에 놓여 있는 기업에서는 사장이 영업을 하는 경우가 많다. 그게 나쁘다는 것은 아니다. 단, 리더는 기업의 상황에 맞추어 자신이 아니면 할 수 없는 영업을 해야 한다. 사장은 사소한 사무 처리는 하지 않아도 된다. 경비 정산에 시간을 소비할 바에는 기업의 방향성을 생각하거나 사내의 체제를 생각하거나 다음 단계로 가기 위해 어떻게 해야 좋을지를 연구해야 한다. 그렇기 때문에 사장에게는 비서가 필요한 법이다. 자신의 시간을 만들어주는 사람이 별도로 있고 자신은 경영전략에 전념하여 본인이 아니면 할 수 없는 일을 하는 것이 이상적이다.

사장이 하는 일은 무엇일까? 사장은 기업의 존재 의의를 증명하는 사람이다. 그것은 다른 누구도 할 수 없는 일이다. 기업이 어떤 방식으로 사회에 공헌할 것인지 그 방향성을 정하는 사람은 사장이다. 아무리 우수한 기획 부장이라고 해도 제안은 할 수 있지만 결정은 할 수 없다. 사장은 사회와의 가장 소중한 연결 고리다. 자신들이 나아가야 할 방향을 결정했다면 그것을 사원들이 충분히 이해하고 공감할 수 있도록 전달해야 한다.

20. 경영자의 마인드를 바꾸는 게 가장 힘들다

경영자는 벌거벗은 임금님이 될 수밖에 없다

경영자 자신이 기업의 성장에 뚜껑을 덮어버리는 경우도 나는 자주 본다. 나는 경영자의 한계가 기업의 한계로 이어진다고 생각한다. 그렇기에 경영자는 좋은 조언자를 곁에 두거나 전문가와 상담을 하면서 자신을 성장시켜야 한다. 어느 정도 규모를 갖춘 기업이라면 업계의 모임이나 경제 단체 등에 참석해서 연공서열을 체험하기도 하지만 기본적으로 사내에서는 경영자에게 화를 내는 사람이 없고 지적을 하는 사람도 없다. 이 부분을 경계하지 않으면 벌거벗은 임금님이 될 수밖에 없다. 경영자는 스스로 자신의 약점을 파악하고 과제를 확실하게 정한 뒤에 행동해야 한다.

기업 브랜딩에 착실하게 도전하는 것은 경영자를 위한 일이기도 하다. 사원들 각자에게 기업 문화가 침투될 수 있도록 신경을 쓰면서 이해와 실천을 촉진해야 하기 때문에 경영자 자신이 우선 모범을 보여야 한다.

경영자는 위기감을 가져야 한다

"지금 이대로가 좋다", "바꾸고 싶지 않다"고 말하는 경영자가 있다. 어정쩡한 마케팅을 펼치고 있지만 회사는 그런대로 유지가 되니 자신의 판단이 잘못된 것은 아니라고 생각하는 것이다. 그것으로 만족하는 경영자라면 컨설턴트가 해줄 수 있는 일이 없다. 위기감을 느끼고 어떻게든 회사를 변화시키지 않으면 안 된다는 의욕이 있는 사람만 계몽을 할 수 있다. 브랜딩이건 사내 문화 정착이건 당장 하지 않아도 된다. 하지만 그것을 뒤로 미루지 않고 즉시 도전하려는 자세를 보이는 경영자만이 회사를 바꿀 수 있다.

21. 사장보다 직속 상사의 영향력이 더 크다

사원은 직속 상사를 보고 자신의 미래를 그린다

이너 브랜딩에서 중요한 것은 '사원이 자신의 회사나 브랜드를 좋아하는가' 하는 점이다. 다른 회사의 채용 시험에서 떨어져 어쩔 수 없이 입사한 사람과, 회사의 방향성이나 경영자의 사고방식에 공감하여 입사한 사람은 입사 후 성장 모습이 전혀 다르다.

기업의 매력 요소는 다양하겠지만 '사람'에게 초점을 맞추는 것이 정말 중요하다. 내가 말하고 싶은 것 한 가지는 사장에게 강렬한 카리스마가 있는 것과 자신의 직속 상사가 활기차게 일하는 것 중에는 당연히 후자 쪽이 사원에게 좋은 영향을 끼친다는 사실이다. 사장이 아무리 바람직한 생활을 한다고 해도 그 자리를 목표로 노력하는 사람은 별로 없기 때문이다. 직속 상사가 성실하게 일하며 보람을 느끼는 모습을 보이면 사원의 입장에서도 자신의 미래를 그쪽으로 그리기가 쉽다.

도전하는 상사는 매력적이다

학창 시절 정말 대단하다고 느꼈던 사람을 오랜만에 만났는데 그때와 전혀 바뀌지 않았다는 사실에 실망했던 적이 있을 것이다. '아, 이 사람은 아직도 과거 속에서 살고 있구나.' 하는 생각에 말이다.

사람이 상대방에게 매력을 느끼는 데에는 '성장'이라는 요소가 크게 작용한다. 상사든 동료든 도전하는 사람은 매력적이다. 절차탁마하여 다양한 환경에 뛰어들어 진화해가는 모습은 눈이 부실 정도로 아름다워 보인다. 그러나 몇 년이 지나도 이전과 똑같은 말을 하고 똑같은 행동을 보이는 사람은 매력이 없다.

특히 기업의 경우 도전하지 않는 한 쇠퇴는 예정되어 있다. 요즘 같은 시대에 현재 상태를 유지한다는 것은 완만하게 쇠퇴하고 있음을 의미한다. 기업에서 일하는 직원들도 마찬가지다. 성장하지 않으면 주변에 뒤처지고 만다.

당연히 상사도 변화에 대응할 수 있는 능력을 갖추지 않으면 부하 직원들이 환멸을 느낀다. 새로운 일에 도전하려 할 때 자신은 이미 고루한 인간이라면서 엉덩이를 뒤로 빼는 상사는 부하 직원들에게 인정을 받기가 어렵다. 한편 자기가 앞장서서 도전하는 상사는 부하 직원의 도전에도 지원을 아끼지 않는다. 부하 직원은 상사에게 있어서 단순히 일을 시키는 사내 하청 업자가 아니다. 함께 설정한 목표를 공유하고 싸워야 하는 동료인 것이다.

　우리는 지금 격렬한 변화에 직면해 있다. AI나 로봇에게 일을 빼앗길 수도 있는 시점에 '나이가 더 윗사람이라서', '경험이 더 많으니까' 하는 것들은 어드밴티지가 되지 않는다. 설사 어드밴티지가 된다고 해도 즉시 추월당한다. 기업에서의 다양성도 가속화되고 있다. 시장의 변화와 마찬가지로 노동환경도 시시각각으로 변한다. 경영관리 면에서 볼 때 그런 환경 변화를 따라가지 못하는 간부들이야말로 기업의 성장을 저해하는 원인으로 부각될 수밖에 없다.

chapter 3

글로벌 경쟁에서
승리하는 브랜드력

상품이나 서비스의 품질만으로는 기업 브랜드를
유지할 수 없다. 기업 이념에 바탕을 둔 경영자의
메시지, 사원들이 일하기 좋은 환경, 인사 평가 제도,
상품과 서비스에 들어 있는 사상 등 기업 활동의
모든 것이 브랜딩에 영향을 준다. 그 기업의 로고를
봤을 때 떠올릴 수 있는 스토리를 만드는 것, 그것이
종합적인 브랜드전략이며 글로벌 경쟁에서도 성공을
거둘 수 있는 브랜드력이다.

22. 세계적인 성공을 위한 조건

진화를 멈춘 기업부터 탈락한다

한때 세상을 풍미했지만 지금은 그림자도 찾아보기 어렵게 된 기업들이 많다. 백화점에서 커다란 매장을 점유했던 일본 의류 기업들의 DC브랜드(designer's and character's brand; 일본에서 1980년대에 유행했던, 디자이너와 캐릭터의 개성을 살린 브랜드)는 지금은 거의 찾아보기 어렵다. 당시의 상황이 워낙 선풍적이었기에 이런 상황이 올 거라고는 아무도 예상하지 못했을 것이다.

지금은 예전처럼 어느 수준까지 브랜드력을 구축했다고 해서 계속 유행을 유지할 수 있는 시대가 아니다. 브랜드의 '가치'는 항상 진화시키지 않으면 뒤떨어진다. 자동차를 예로 들면 고객, 사회, 지구 환경에 대해 새로운 대처를 하는 모습을 지속적으로 보여주지 않으면 지지를 받을 수 없는 시대다. 새로운 제품이나 새로운 기능으로 부가가치를 제공하는 노력을 게을리하면 외면당하게 된다. 자동차 외의 상품이나 서비스들도 마찬가지다.

진화한다는 것은 브랜드의 가치를 고객에게 맞추어 변화시켜가는 것이다. 고객의 입장에서 그 상품이나 서비스를 이용하는 가치는 어디에 있는지 끊임없이 질문하며 교정해가는 것이다. 브랜드를 진화시키기 위한 투자도 필요하다. 장래를 위해 지속적으로 브랜드를 진화시켜가겠다는 결심이 없으면 살아남을 수 없다.

토털 브랜드전략의 필요성

정보사회가 비약적으로 발전하면서 비즈니스에서 선행주자가 우위를 차지하는 기간이 매우 짧아졌다. 과거에는 "특허로 먹고산다."는 말이 있었지만 지금은 특허 신청을 하고 기다리는 동안 타사에서 새 상품이 출시되어 특허의 가치가 사라져버릴 정도로 시대 변화가 빠르게 진행되고 있다. 이런 상황에서는 제품이나 서비스의 파워만으로는 브랜드력을 유지할 수 없다. 따라서 종합적인 브랜드전략이 필요하다.

토털 브랜드전략이란 기업 이념에 바탕을 둔 경영자의 메시지, 사원들이 일하기 편한 환경, 인사 평가 제도, 제품이나 서비스에 들어 있는 사상 등 기업 활동에서의 전략을 말한다. 소비자가 그 회사의 로고를 보았을 때에 떠올릴 수 있는 스토리가 갖추어져 있는 것, 그것이 토털 브랜드전략이다.

23. 브랜드 구축은
일관되게 실행한다

이너 브랜딩과 아우터 브랜딩은 서로 연결되어 있다

기업의 브랜드 만들기는 기업 안과 밖의 모든 상황에서 일관되게 실행되어야 한다. 표현은 달라도 하고 있는 말의 의미는 같아야 한다. 기업 이념을 회사 안과 밖에 침투시켜갈 때, 사내에 침투시키기 위한 솔루션(이너 브랜딩)과 시장조사나 사외에 PR하는 채널 등(아우터 브랜딩)을 일관되게 실행하는 구조가 갖추어져야 한다.

종종 회사가 브랜딩을 할 때 디자인만을 중심으로 하는 경우가 있는데 그것만으로는 좋은 결과를 거두기가 어렵다. 집을 지을 때는 디자인뿐 아니라 기능성, 동선, 방음, 통기성 등 그 집에서 생활하게 될 사람을 생각하면서 짓는다. 그런데 그것들을 뒤로 미루고 "우선 멋진 집을 짓는다."는 식으로 말하는 게 디자인을 앞세운 브랜드 만들기다. 이것은 오래 지속될 수 없다. 홈페이지에 채용과 관련된 칸을 만들 때에도 실제로 일을 할 사람의 업무 내용이나 평가 방식을 숙지하고 있는 회사가 만드는 것과 그렇지 않은 회사가 만드는 것은 현저한 차이가 있다.

기업 이념의 침투를 정기적으로 측정하고 관리한다

로고 마크를 만드는 것은 간단한 일이다. 중요한 점은 그 후 기업 이념을 침투시키는 것과 사원 교육까지 모두 일관되게 실행해야 한다는 것이다. CI(Corporate Identity), 즉 기업 이미지를 통합하는 작업을 완료했다면 인사 평가와 사원의 급여에까지 기업 이념을 연동시킨다. 또는 이해관계자에게 전하는 메시지에 기업 이념을 담아 보낸다. 이후 그것을 정기적으로 측정하고 관리해야 한다.

사원에게 기업 이념이 올바르게 심어져 있는지를 측정하거나 관리하려면 사원의 일상적인 행동과 업무에 어느 정도나 침투해 있는지 수치화하고 목표 수치를 정해야 한다. '기업 이념 침투도 조사'는 세 가지 부분으로 성립된다. 인지적 이해, 정서적 공감, 실천 행동이다. 인지적 이해는 기업 철학에 관해 어느 정도나 이해하고 있는지 자유로운 작성 방식의 설문 조사를 실시하여 확인한다. 정서적 공감은 기업 철학과 상품이나 회사를 어느 정도나 호의적으로 수용하고 있는지를 측정한다. 실천 행동은 다면적 평가 구조를 도입해서 수치화한다.

회사 외부에 대해서도 자신들의 브랜드 침투 정도를 일정 기간 동안 조사하여 시장이 무엇을 원하고 있고 경쟁사와 어떤 식으로 차별화를 줄 것인지를 확인하면서 전략을 세워야 한다.

24. 브랜드 만들기는 가장 강력한 영업 도구다

연수나 워크숍만으로는 회사가 성장하지 않는다

연수나 워크숍은 하지 않는 것보다는 하는 것이 낫다. 그런데 전체를 생각하기보다 부분에 초점을 맞추고 워크숍을 실시하는 회사가 있다. 워크숍이나 연수를 통하여 사원들에게 깨달음을 주겠다는 식으로 지나친 기대를 거는 것이다. 물론 직원들에게 어느 정도 자극을 줄 수 있고 어떤 주제를 발견하게 하는 계기가 될 수도 있기 때문에 도움은 된다. 하지만 지향하는 방향성도 정해지지 않은 상황에서 "무언가를 생각하고 논의하라."는 식으로 연수나 워크숍을 실행해서는 현재 상태가 되풀이될 뿐, 장래를 바꿀 수 있는 계기는 마련하기가 어렵다.

브랜드 구축 활동으로 바람직한 이해관계자를 모은다

이너 브랜딩과 아우터 브랜딩을 통하여 기업 이념을 침투시키려면 보통 2년 정도의 시간이 필요하다. 더구나 2년이 지나면 끝나는 것이 아니라 몇 번이나 수정을 하고 손질을 해야 한다. 브랜드를 구축하기 위한 활동은 사실상 '영업' 그 자체다. 바람직한 고객, 바람직한 사원, 바람직한 파트너, 바람직한 이해관계자를 모으기 위한 활동이기 때문이다. 회사 전체에 일관된 브랜딩이 필요한 이유는 모든 업무가 연결되어 있기 때문이다. 면접은 채용 업무이지만 동시에 홍보이기도 하다. 지원자들이 면접 자리에서 회사의 설명을 듣고 돌아가는 것이기에, 이는 훌륭한 PR인 것이다.

25. 기업 이념을 침투시키려면 정기적인 조사가 필요하다

정기적으로 살펴서 문제점이나 앞으로의 과제를 찾는다

사원들에게 기업 이념을 침투시켜 기업 문화라고 불리는 영역으로까지 끌어올리려면 상당한 시간이 걸린다. 또 10년, 20년이라는 긴 시간 동안 그 기업 문화의 품질을 유지하려면 정기적인 점검도 필요하다.

사업을 할 때에는 다양한 부분에 기업 이념을 적용해서 사원 교육이나 인사 평가 제도에 반영해야 한다. 그리고 이것이 제대로 기능을 하고 있는지, 사원들에게 올바르게 침투되어 있는지 규칙 부분도 신경 쓰며 정기적으로 조사해서 문제점이나 앞으로의 과제를 부각시켜야 한다.

정기적인 점검은 경영의 근간과 관련이 있기 때문에 매년 실시하는 것이 바람직하다. 흔히 1년 동안의 전체적인 결과와 활동에 관한 보고회를 실시하는 회사가 있다. 거기에서는 매상과 관련된 표창이나 이런저런 발표를 하지만 보고회 자체를 기업 이념을 전달하기 위한 통로로 활용해야 하며 기업 이념에 연결시켜야 한다. 그렇지 않으면 단순히 표창을 하는 자리로 끝나버린다.

기업 이념을 침투시키기 위한 커뮤니케이션

기업 이념을 침투시키려면 무엇보다 상사와 부하 직원의 커뮤니케이션이 중요하다. 그 스타일은 다양하다. 직접 대면하고 대화를 나누는 것이 가장 효과적이지만 그것이 어렵다면 인터넷을 이용하는 방법도 있다. 직접 대면하는 것보다는 못하지만 하지 않는 것보다는 훨씬 낫고 실제로 거리가 멀리 떨어져 있는 상황이라면 요즘에는 다양한 도구가 있으니까 그런 도구들을 활용하면 된다.

커뮤니케이션이 중요한 이유는 문제를 예방하기 위해서다. 방향성이 잘 맞는지 상사와 부하 직원이 대화를 나누고 그것을 기록으로 남김으로써 조직 안에서 서로를 믿는 구조를 만들 필요가 있기 때문이다.

예를 들어 평가 단계에 이르렀을 때 부하 직원이 자신은

70점이라고 생각하고 있는데 상사는 60점이라고 생각하는 경우 둘 사이에는 10점의 오차가 발생한다. 이런 일이 발생하지 않도록 정기적으로 피드백을 해서 "김 대리는 지금 이런 상황이니까 이대로 가면 60점 정도가 나올 거예요. 그러니까 좀 더 분발해주세요."라는 식으로 대화를 나누어야 오차를 예방할 수 있다.

반대로 자신을 과소평가하는 경우도 있는데 이것도 과대평가와 마찬가지로 문제다. 과소평가를 한다는 것은 자신이 어떤 위치에 놓여 있는지 분석하지 않고 있다는 것이고, 그 업무가 자신에게 맞지 않는다는 것이며, 회사의 기준을 올바르게 이해하지 못했다는 뜻이다.

틈이 있을 때마다 상사와 커뮤니케이션을 주고받으면 지금 자신이 어떤 단계에 놓여 있고 다음에 어떤 행동을 해야 하는지 이해할 수 있기 때문에 과소평가는 하지 않게 될 것이다. 현시점의 자신을 뛰어넘어 다음 단계로 나아가려 할 때 자신을 과소평가하고 있는 사람은 없기 때문이다.

26. 기업 이념과 디자인은 '번역'이다

회사의 기본 방침은 모두가 이해하도록 쉬워야 한다

경영자가 기업 이념을 만들 때 유념해야 할 점은 기존의 훌륭한 말이나 본인이 심취해 있는 좌우명 같은 것을 사용해서는 의미가 없다는 것이다. 사장실에 붙어 있는 사자성어나 한자로 쓴 기본 방침은 수십 년 동안 경영에 종사한 경험과 학습을 통하여 이해하게 된 말이다. 그런 방침을 내건 사람이 20대였던 시절에도 거기에 담긴 깊은 의미를 알고 있었을까? 그렇다고 보기는 어렵다. 따라서 수십 년에 걸쳐 본인이 체득한 가치를 사원들에게 갑자기 이해시키려 하는 것은 무리다. 사원들도 마찬가지로 수십 년의 경험을 쌓아야 비로소 그 말을 이해할 수 있기 때문이다. 만약 기본 방침이 있다면 그것을 다른 말로 좀 더 이해하기 쉽게 풀어서 사원 전원이 이해할 수 있게 객관적으로 만들어야 한다.

회사의 로고는 기업 이념과 연결되어야 한다

경영자에게는 '번역 기술'이 필요하다. 창업자의 생각을 현재의 이해관계자나 장래의 이해관계자들에게 알기 쉽게 전달해야 하기 때문이다. 기업 이념이나 회사의 로고 디자인도 마찬가지로 '번역'이다. 기본 방침은 사장실에 걸어놓는 것만으로는 침투되지 않는다. 번역이 필요하다. 디자인에서의 번역은 회사의 로고, 캐릭터의 콘셉트, 컬러를 기업 이념과 연관시키는 것이다. 빨간색을 사용할 생각이라면 빨간색을 사용하는 의미가 있어야 한다. 나중에 의미를 부여해도 상관없지만 우선적으로 확실한 스토리를 만들어야 한다.

27. 성장하는 기업은 리브랜딩을 한다

사업 계승은 리브랜딩을 할 절호의 기회

경영자가 바뀌면 기업 이념을 바꾸고 수정해야 한다. 사업을 계승하는 시기는 지금까지의 장점은 남겨두고 새로운 것을 도입할 수 있는, 다시 말하면 리브랜딩(rebranding)을 할 수 있는 좋은 기회다. 또 기업 이념이나 브랜드도 중시해야 한다. 계승하는 대상이 유형자산만 있는 게 아니기 때문이다. 사원들이 공통으로 이해하고 있는 브랜드력은 눈에 보이지는 않지만 기업의 자산으로서는 가장 중요하다.

긴 시간에 걸쳐 키워낸 브랜드는 그 색깔이 쉽게 퇴색되지 않는다. 사업을 계승할 때 지금 기업 이념이 어느 정도나 사원들에게 침투되어 있는지 조사해보아야 한다. 브랜드에 애착을 가진, 그 기업에 애착을 가진 사원들이 얼마나 있는가에 따라 기업의 가치는 크게 달라진다. 흔히 간과하기 쉽지만 이렇게 기업 이념이 잘 침투되어 있는지는 매우 중요한 포인트다.

기업 가치를 어떻게 시각화하여 육성할 것인가

기업 이념을 침투시키거나 브랜드를 구축하는 작업에 외부 컨설턴트를 이용하여 철저하게 도전하는 기업은 현명하다고 말할 수 있다. 회사가 어떻게 되든 상관없다고 생각한다면 이념을 수정하거나 사내 제도를 재정비하지 않는다. 도산 직전이거나 경영진이 혼란에 빠져 있는 등 정리가 되지 않은 회사는 기업 이념을 재고하거나 수정하지 않는다. 회사를 매각하려는 생각을 가진 경영자가 기업 이념을 수정하는 데에 투자를 할 이유는 없다.

지금은 기업 이념이나 브랜드라는 무형의 자산이 유형의 자산 이상으로 가치가 높아진 시대다. 그 가치를 어떻게 시각화하여 육성할 것인지는 사업을 계승할 때 경영자가 가장 먼저 생각해야 할 과제다.

실제로 실적이 성장하고 있는 기업 중에는 기업 이념의 수정이나 리브랜딩에 도전한 회사가 많다. 기업 이념은 기업의 정신 그 자체다. 어떻게 하면 사회에 도움이 될 수 있을지, 어떻게 하면 사원이나 고객을 끌어안을 수 있을지 그 방향성을 명확하게 잡는 것이 바로 기업 이념이다.

기업 이념을 재구축할 때에는 거기에 사회성을 포함시키기 위해 제삼자와 토론을 해야 한다. 기업의 비전은 사업을 계승한 경영자가 영혼을 담아 만들어야 하지만 문자로 만들려면 다른 사람의 관점이 필요하다. 그 표현으로 기업 이념을 사원이나 이해관계자들에게 충분히 전달할 수 있는지 검증을 해보아야 하기 때문이다.

28. 스타벅스가 로고를 몇 번이나 바꾼 이유

즉흥적인 생각으로 바꿔온 것이 아니다

스타벅스의 로고는 창업 초기부터 지금까지 적어도 네 개의 버전이 있다. 창업 초기인 1971년 버전, 1987년 버전, 1992년 버전, 그리고 2011년 버전이다. 체인점을 확장하기 시작한 때가 1986년이니 그 이듬해에 로고를 변경했다는 것은 납득할 수 있지만 그 후에도 이어진 두 번의 변경에서는 '정말 필요했던 거야?' 하고 의문을 가지는 사람들이 있었다.

점포의 로고를 바꾸는 것은 상당한 비용이 드는 일이다. 인쇄물부터 간판, 컵 등 모든 것을 바꿔야 하기 때문이다. 더구나 2011년 시점에서는 전 세계에 상당수의 점포가 있었다. 스타벅스는 그렇게 많은 비용을 들여서라도 자신들의 브랜드를 유지하는 방법을 택했다. 즉흥적인 생각으로 로고를 바꾼 것이 아니다. 즉흥적으로 수억 달러나 되는 예산을 투자하는 기업은 없다.

투자한 만큼 회수를 하지 못하면 회사는 도산하게 된다. 수억 달러라는 비용을 들여서 로고를 바꾸었다는 것은, 로고를 변경하면 그 이상의 가치나 수익을 낳을 수 있다는 판단이 섰다는 뜻이다. 다시 한 번 강조하지만 스타벅스는 충분히 그 이상의 가치를 낳을 것이라고 확신했기에 투자를 했다. 브랜드전략 투자에 관한 의욕이 타사보다 한 걸음 더 앞서 있었던 것이다.

글로벌 브랜드에서 성공을 거두려면 그에 상응하는 투자 의지와 각오가 있어야 한다. 투자를 하고 회수를 하는 것을 비즈니스라고 생각하는 기업이 성공한다.

기업은 무형의 자산에 투자할 수 있어야 한다

스타벅스가 바꾼 것은 로고만이 아니다. 로고 변경을 계기로 브랜드에 대한 사고나 가치를 철저하게 수정했다. 브랜드 가치를 올릴 수 있다는 전망이나 승산이 있었기에 로고를 변경하는 데에 투자를 한 것이다. 이것은 사실 로고에 대한 투자가 아니라 브랜드라는 무형의 자산에 대한 투자다. 대부분의 기업은 이런 무형자산에 투자를 하지 않는다.

하지만 글로벌 브랜드로서 성공하려면 무형자산의 가치를 얼마나 높일 수 있는지에 대한 전략을 세울 수 있어야 한다. 브랜드전략이라고 하면 디자인 부분에 눈길이 향하기 쉽지만 이제는 디자이너가 멋진 제품을 만든다고 해서 그 기업이 성장할 수 있을 정도로 만만한 시대가 아니다. 리브랜딩을 통해 성공을 거두는 기업은 디자인의 배후에서 전략 수정이나 비즈니스 모델의 재구축 등을 실행하고 있다.

미국 워싱턴 주 시애틀에 위치한 스타벅스 1호점. 창업 당시의 로고가 사용되고 있다.

29.

해외 진출 시
브랜딩에서 주의할 점

회사의 방향성이나 가치관을 전면에 내세운다

기업이 해외로 진출할 때 중요한 것은 아무리 국내에서 지명도가 있다 해도 해외에서는 사원이나 고객에게 어떤 가치관을 소중히 여기는 회사인지를 보다 이해하기 쉽게 전달해야 한다는 점이다. 여기서 중요한 점은 '이해하기 쉽다'는 수준이 사람에 따라 다르다는 것이다.

국내에는 문화적인 배경이 공유되고 있기에 10을 설명하는 데에 굳이 10의 이야기를 할 필요가 없지만 해외에서는 경우가 다르다. 미국 문화, 유럽 문화 등 다양한 문화적 배경 속 각기 다른 가치관을 가진 사람들이 살고 있기 때문이다. 이렇게 배경이 다르다는 것은 수용 방식에도 차이가 있다는 뜻이어서 보다 정성을 들인 전달 방법이 필요하다.

기업은 국내에서 사원과 고객을 대하는 것 이상으로 자신들의 이념이나 가치관, 그리고 방향성을 전면에 제시해야 한다. 세계적으로 사업을 하는 기업들의 대부분은 다양한 문제 때문에 고민한다. 우리와는 사고방식이 다르다는 이유로 포기하기 전에, 어떤 자세로 사업을 이뤄나갈 것인지 각국의 언어를 이용해서 명확하게 전달할 수 있는 방법을 모색해야 한다. 사업을 전개할 때 '미국인이기 때문에' 또는 '영국인이기 때문에' 등의 국적 문제는 상관이 없다. 자사의 방침을 정확하게 설명하고 외국의 고객이 충분히 이해할 수 있도록 노력하여 거기에 공감하는 사람들이 찾아오게 만들면 된다.

회사의 방침이나 소중히 여기는 가치관과 평가 기준을 명확하게 알리는 자세는 사원들의 의욕과도 연결된다. 성장이나 성취감을 실감하게 하는 커뮤니케이션은 국내에서든 해외에서든 마찬가지로 중요하다. 해외에서는 특히 다양성을 전제로 사회가 움직인다. 따라서 적당한 방식으로는 사원이나 고객을 불러들이기가 어렵다. "우리 회사는 이런 비전을 가지고 있습니다. 이러한 가치를 제공하고 있습니다."라고 명확하게 말하지 않으면 직원을 구하기도 어렵고 고객 역시 상품을 구입하러 오지 않을 것이다.

사람들은 저마다 다르기 때문에 공통의 목표가 필요하다.

따라서 '우리 회사는 사회의 이런 방향성과 관련이 있다'는 자세를 분명하게 갖추어야 한다. 더구나 비전은 보편적이어야 한다. 당연한 말이지만 국내에만 특수하게 통하는 비전은 국제 사회에서는 통하지 않는다.

미션을 이해하고 해외 진출을 해야 한다

일본의 기업이 해외로 진출할 때 문제가 되는 것은 주재원의 임기가 지나치게 짧다는 것이다. 예를 들어 3년 만에 교체가 되는 경우 그중 1년 동안은 환경에 적응하는 데 시간을 쓴다. 언어가 간신히 통하게 되어 그런대로 의사소통이 가능해지면 주재원이 교체되어버린다.

적임자가 아닌 사람을 보내는 것도 문제다. 관리 경험이 없는데 영어를 잘한다거나 해외 유학 경험이 있다는 이유만으로 해외 파견 사원을 선발하는 경우다. 영어를 잘한다면 더할 나위가 없을 것이다. 하지만 주재원이었던 사람들의 이야기를 들어보면 현지에 가서 필사적으로 언어를 습득하는 사람도 상당히 많다고 한다. 그래도 그 사람들이 임무를 완수할 수 있었던 것은 자신이 미션을 성공하기 위해 해외로 온 것이라는 사실을 자각하고 있었기 때문이다.

모처럼 해외로 파견되었는데 자신의 미션을 자각하기보

다는 '외국으로 쫓겨났다.'는 느낌이 강해 3년만 잘 버티면 된다고 생각하는 사람이 대기업에도 적잖이 있다. 이것은 그야말로 능력 낭비. 해외에서 관리 업무를 담당해야 하는데 그에 대비한 공부도 하지 않는다면 그런 사람이 과연 일을 제대로 할 수 있을지 의문이 든다. 영어를 잘한다고 하지만 그 수준이 어느 정도인지 명확하게 확인할 수는 없다. 반대의 경우를 생각하면 이해가 될 것이다. 중국인이나 미국인이 1년 정도 일본에서 유학을 한 경험이 있다고 해서 갑자기 여러분의 상사가 될 수 있을까?

30. 대기업들이 정체기로 접어든 이유

규칙만 글로벌 기준에 맞추는 실수

어디까지나 내 생각이지만 대기업이 정체기로 접어든 이유 중의 하나는 규칙만을 글로벌 기준에 맞추었기 때문이 아닐까 한다. 도요타는 국제표준화기구(ISO)의 규격을 무시하기로 했다. 자신들이 정한 기준 쪽이 더 웃돌고 있어서 굳이 낮은 규격에 맞출 의미가 없기 때문이다. 그러나 대부분의 기업은 자사가 정한 기준이나 제품의 품질이 훨씬 더 까다로운데도 세계 기준에 맞추려 한다. 그것이 실무에 맞지 않더라도 말이다. 물론 ISO를 취득하면 신뢰를 얻게 된다. 하지만 기업들은 종종 그전부터 신용을 높이기 위해 다양한 노력을 해온 시스템과의 사이에서 위화감이 느껴져도 국제 규격에 맞추려고 애를 쓴다.

프라이버시 마크(privacy mark; 일본에서 적절한 개인 정보 관리 체제를 갖춘 사업자에게 주는 인증 마크)도 그러한 문제점을 보여준다. 프라이버시 마크 협회의 전자 보안 시스템은 그야말로 고루하다. 그런데 지금도 프라이버시 마크를 취득하기 위해 거기에 돈을 지불하고 일손과 시간을 소비하는 기업이 있으니 정말 이해하기가 어렵다.

그리고 이런 식으로 규칙만 강요하면 사원들은 형식적으로 일을 하게 된다. 이 규칙 강요 때문에 기업의 위기관리에 대한 인식이 옅어지기 시작한다. 규칙만 잘 지키면 된다는, 형식만 갖추면 된다는 사고방식은 문제가 있다. 그런 사고방식이 계속되면 어느 순간 규칙이 본인들의 사고를 방해하게 된다. 물론 규칙은 중요하고 필요한 것이다. 하지만 자신의 머리로 생각하지 않고 정해진 대로만 움직이는 것이야말로 사실 기업에서의 진짜 규칙 위반인 셈이다.

규칙과 규약은 회사의 방향성에 맞춘다

앞에서 설명했듯 기업 이념이나 경영자의 사고방식은 사원들에게 확산되어 같은 방향을 향하도록 해야 하는데 규칙이나 규약만으로 일을 추진하면 회사의 방향성과는 다른 쪽으로 움직일 수 있다. 글로벌 기준의 규칙이나 규약은 회사의 이념과 방향성에 맞추어 만들어진 게 아니기 때문이다. 본래 규정이나 회사의 규칙도 회사의 방향성에 맞추어 만들지 않으면 이중 규격이 발생한다.

미국의 우량기업으로 잘 알려진 존슨앤드존슨(Johnson & Johnson)이 전 사원에게 기업 이념을 심어주기 위해 현재 어느 정도까지 기업 이념이 스며 있는지를 조사해보았다. 기업 이념에 이렇게까지 신경을 쓰는 이유는 직원들로 하여금 규정을 준수하게 하기 위해서다. 이 회사는 의료 기기나 의약품을 다루고 있기 때문에 소비자의 건강에 큰 책임을 갖고 있다. 그 책무를 완수하기 위해서도 사원들의 윤리성을 중시한다.

회사와 사원의 방향성에 차이가 생기면 반드시 문제가 발생한다. 예를 들어 경영자가 "이날을 잔업이 없는 날로 하자."고 말해도 그것이 유행에 편승했을 뿐인 규칙을 도입한 거라면 다른 요일의 잔업 시간이 늘어날 뿐이다. 이왕 할 바에는 자신들의 방향성에 맞추어야 한다. "우리는 생산성을 추구하는 회사이니 시대에 앞서 주 3일 휴일제를 도입하자."는 식이라면 재미있지 않을까. '이렇게 하고 싶다.'는 생각을 먼저 한 뒤 그에 맞는 규칙을 만들면 되지만 행정적인 이유나 일단 형식만이라도 도입하자는 식으로 규칙이나 규정을 만드는 건 아무런 의미가 없다. 사원들은 숙제를 강요당하는 아이와 비슷한 느낌을 받을 것이다.

　본래 학습이란 건 자신이 지식을 습득하기 위해 하는 것이지만 그 의미를 이해하지 못한다면 '일단 학교만 졸업하면 된다', '일단 리포트만 제출하자' 하는 식이 되어버린다. 일단 끝내면 된다는 문화가 몸에 배면 기업은 규칙을 위반하거나 자사의 브랜드를 궁지에 빠뜨리는 결과를 낳게 될 것이다.

31. 다양성에 대한 도전도 브랜드전략이다

다양성에 도전하기 위해서는 목표 설정이 중요하다

일본 사회는 커다란 구조 변화를 맞이하고 있다. 앞으로 고령화가 더욱 진행되면 일본인만으로 고령 사회를 지탱하기가 어려워질 것이다. 더 많은 외국인이 들어와야 한다. 외국인이 들어오면 문화도 점차 바뀐다. 지금까지 통했던 일본인끼리의 암묵적 양해는 더 이상 통하지 않는 시대로 바뀔 것이다. 기업이 세계화나 다양화에 도전해야 하는 이유는 단순히 유행 때문이 아니다. 시대적 변화에 대응하기 위해서다.

여성 인력을 활용하거나 외국인을 채용하는 경우 기업들은 저마다 도달해야 할 목표를 설정해야 한다. 단순히 다양성을 확대하기 위한 논의는 의미가 없다. 가장 바람직하지 않은 예를 든다면, 외국인 고용을 국가가 정책으로 내걸고 가이드 라인을 제시하여 지원금을 내놓았을 때 그 지원금을 타낼 욕심에 자사의 방침과는 관계없는 부분에 가이드라인을 도입하여 사내에 이중 잣대가 만들어지는 현상이다. 본래는 "우리 회사도 세계화를 지향하고 있으니 외국인을 채용하여 부가 가치를 생산한다."는 전략의 일환으로 도입해야 하는 것이다.

무엇을 위해 지금 다양화에 도전하는 것인지 목표를 명확하게 설정해야 기업 이념을 소중히 여기게 된다. 다양성을 브랜딩에 연결시킬 수 있어야 한다.

32. 회사 규정과 브랜딩은 하나로 연결한다

품위 있는 회사일수록 부정이 발생하는 빈도가 낮다

123쪽의 표는 품위 계수(Integrity Index)와 사내에서 부정이 발생하는 빈도의 관계를 나타낸 것이다. 품위 계수란 윤리관에 대한 기업 문화를 가시화한 것으로, 계수가 높을수록 품위가 있으며 기업 문화가 침투해 있다고 생각하면 된다. 결과는 명확하다. 품위 계수가 높을수록 사내에서 부정이 발생하는 빈도는 낮았다. 반대로 품위 계수가 낮은, 즉 기업 이념이 사원들에게 잘 스며 있지 않은 기업에서는 다양한 규정 위반이 발생했다.

우리는 각 기업에서 기업 이념과 연결된 규정에 관한 조사도 실시했는데 여기에서도 회사와 방향이 맞지 않는 사람은 잠재적인 리스크가 있다는 결과가 나왔다. 부정을 저지르는 사원은 회사가 나아가려는 방향성과 맞지 않는 경우가 많았다.

규정 위반을 정당화하지 않는 문화를 만든다

'부정의 3원칙'이라는 것이 있다. 사람은 다음의 세 가지 원칙이 갖추어졌을 때 부정을 저지르기 쉽다.

①기회-부정을 저지를 기회가 있다.
②정당화-부정행위를 정당화할 수 있다.
③동기-부정을 저지르는 동기가 있다.

전 세계 대부분의 기업은 IT에 대한 투자에서 혹시라도 발생할지 모르는 '기회'를 막으려고 노력하지만 완전히 제로 상태로 만들지는 못하고 있다. 또 '동기'는 인간의 욕구에 바탕을 둔 것이기에 이 또한 완전히 억제하기는 어렵다. 나머지 하나인 '정당화'는 억제가 가능하다. '부정은 반드시 들통난다'는 의식과 '무엇이 올바른 것인가'에 관한 인식을 조직 전체에 확산시키면 사원들은 부정을 정당화할 수 없게 되기 때문이다.

'회사를 위해' 부정에 손을 대는 경우도 흔히 볼 수 있다. 매상을 변조하거나 중대한 문제를 은폐하는 행위 등이다. 이는 '회사를 생각하는 자신'을 정당화하는 것이나 마찬가지다. 대기업에서 조직 전체가 위법행위를 저지른 엄청난 문제가 발생한 경우 많은 사람들이 그것이 위법이라는 사실을 인식하고 있었을 텐데 왜 이런 문제가 생기는 것일까? 기업 이념과 사원이 취해야 할 행동 규범이 침투되지 않은 조직이나 무용지물이 된 조직의 경우, 사원은 독선적으로 상사의 뜻을 '짐작'하고 행동하기 때문에 부정이 사라지지 않는 것이다.

규정을 위반하는 사원이 있는 기업과 그렇지 않은 기업의 차이는 기업 이념을 침투시켜 위반하는 사람들이 발생하지 않는 기업 문화를 조성해놓았는가 하는 것에 있다. 이런 기업 문화 조성에는 많은 시간이 소요될 것으로 보이지만 사실은 가장 효과적인 방법이라는 사실을 알 수 있다.

품위 계수가 높을수록
사내에서 부정이 발생할 빈도가 낮다

품위 계수	구성 비율	과거 12개월 동안 부정을 저지른 사람의 비율(※)	부정을 저지르지 않은 사람의 비율(※)
7	16.1%	7.3%	89.8%
6	43.5%	10.5%	82.5%
5	24.5%	21.0%	63.5%
4	10.4%	40.5%	37.8%
3	4.0%	64.4%	18.1%
2&1	1.5%	74.8%	14.3%

※'모르겠다'는 응답까지 합산하면 100%　　출처: 《Ethical Leadership》, CELC, 2011

Special Interview 1.

"오코노미야키를 세계로!"
오타후쿠소스의 브랜딩 이야기

요리에서 소스는 맛을 결정하는 역할을 한다.

일본에는 전국의 오코노미야키 음식점과 소비자들에게

사랑을 받는 소스 기업이 있다. 오코노미야키 소스로

유명한 오타후쿠소스 주식회사다. 오타후쿠소스는

어떻게 성장해왔을까. 거기에는 오랜 세월 동안

오코노미야키 음식점들을 상대하면서 오코노미야키를

전국으로, 그리고 세계로 확산시키는 것을 사명으로

삼은 기업의 이념이 있었다. "고객을 생각하는

마음으로", "한 방울, 한 방울에 정성을 담아", "상품을

파는 것이 아니라 일을 판다.", 이러한 이념을 바탕으로

일본 최고의 소스 회사가 된 오타후쿠소스의 비밀을

알아본다.

◎인터뷰어: 세키노 요시키 ◎글·구성: 하시토미 마사히코

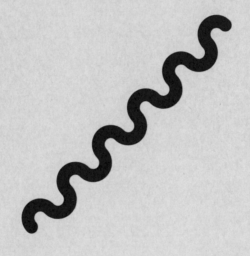

고객과 함께 만들어낸
오타후쿠 브랜드

– 오타후쿠소스 주식회사 대표
사사키 나오요시

"어떤 소스를 좋아하십니까?"라는 질문을 받는다면 여러분은 무엇이라고 대답하는가. 불독(BULL DOG; 도쿄에 본사를 둔 조미료 회사)이나 이카리(IKARI; 일본에서 최초로 우스터 소스를 판매한 회사), 가고메(KAGOME; 음료·식품·조미료 회사)를 떠올리는 사람도 있을 것이다. 이처럼 경쟁이 심한 이 업계에서 유일무이한 소스 회사가 있다. 히로시마를 대표하는 기업으로, 전후 히로시마에서 오코노미야키와 함께 성장한 오타후쿠소스(이하 오타후쿠)다. 2015년 10월부터 오타후쿠의 7대 대표이사 사장으로 취임한 사사키 나오요시는 이렇게 말한다.

"저는 1987년에 입사한 이후 국제 사업을 중심으로 일해왔기에 사장으로 취임한 뒤 처음으로 한 일은 일본 각지에 있는 거래처에 인사를 다니는 일이었습니다. 그 과정에서 오타후쿠라는 브랜드가 회사의 규모 이상으로 얼마나 알려져 있는지 확인하고 새삼 브랜드력을 실감할 수 있었습니다. 이렇게까지 성장할 수 있었던 이유는 오코노미야키 음식점 덕분이지요. 진심으로 감사를 드립니다."

시행착오 끝에 완성한 오코노미야키 전용 소스

이 회사의 브랜드는 어떻게 인정받게 되었을까. 출발은 1922년으로 거슬러 올라간다. 사사키 대표의 할아버지인 사사키 기요카즈(佐佐木清一)가 히로시마 요코가와(横川)에서 술, 간장 종류를 도매하는 '사사키 상점'을 열었고 1983년에는 양조 식초인 '오타후쿠(お多福)' 식초를 팔기 시작했다. 이것이 지금까지 이어지고 있는 사명의 유래다.

1945년 8월 6일 히로시마에 원자폭탄이 투하되었지만 다행히 사사키의 가족은 전원이 무사했다. 주변의 협력을 얻어 이듬해 양조 식초 제조를 다시 시작했다. 그리고 얼마 후 앞으로는 양식의 시대가 올 것이니 소스를 만들어야 한다는 거래처의 조언에 따라 사사키 상점은 소스 제조와 판매 사업에 뛰어들게 되었다.

"그때 만든 것이 1950년에 발매한 '오타후쿠 우스터 소스'라는 우리 회사 최초의 소스 상품입니다. 하지만 당시에 이미 히로시마 내에만 몇 개의 소스 회사가 있었고 후발 주자였던 사사키 상점의 소스는 거의 팔리지 않았습니다. 도매상에서도 상품을 다뤄주지 않아 오코노미야키 음식점과 포장마차를 일일이 찾아다니며 영업을 했습니다. 그것이 전환기가 되었지요."

그때까지는 모든 오코노미야키 음식점에서 우스터 소스를 이용하고 있었다. 음식점을 돌아다니다 보니 점주와 손님들에게 "우스터 소스는 철판 위로 흘러내려서 먹기가 힘들다.", "음식에 지나치게 배어들어서 짜다."는 불만의 목소리를 들을 수 있었다. 눈앞의 점주의 고민을 해결해야겠다는 생각에 소스를 제조하는 방식을 변경하여 다시 음식점들을 찾아다녔고 점주들의 의견을 들었다.

"그래서 완성된 것이 그때까지 어디서도 사용한 적 없는 걸쭉한 오코노미야키 전용 소스였습니다. 맛을 조정하는 데 꽤 고생을 했던 것 같아요. 거래처인 오코노미야키 음식점을 돌아다니면서 '너무 달다', '신맛이 너무 세다'는 의견을 들으면 즉시 맛을 수정해서 다시 찾아가는 것을 몇 번이나 되풀이했다더군요."

시행착오 끝에 1952년 마침내 지금의 오코노미야키 전용 소스의 원형이라 할 수 있는 세계 최초의 오코노미야키 전용 소스 '오타후쿠 우스터 소스 오코노미야키 전용'이 완성되었다. 그러나 판매액이 즉각적으로 올라가지는 않았다. 그래서 맛을 계속 개량하며 오코노미야키 음식점을 쉴 새 없이 돌아다녔다.

오타후쿠 브랜드의 기본 가치는 '이타심'

오타후쿠의 오코노미야키 전용 소스가 팔리기 시작한 계기는 일반 소비자들에게 인정을 받으면서부터다.

"오코노미야키 음식점을 돌아다니다 보니 고객에게 소스를 판매하는 음식점도 있었습니다. 그래서 소매에도 손을 대야겠다고 생각해 가정용 판매도 하게 됐지요."

가정용 오코노미야키 전용 소스가 판매된 것은 1957년의 일이다. 오코노미야키 전용 소스는 끊임없이 보완을 거듭하여 오코노미야키뿐 아니라 크로켓이나 햄버거 등 다양한 요리의 소스로 사용되기 시작했다.

1952년에 사사키 상점은 오타후쿠조초(お多福造酢) 주식회사를 설립하여 1975년에 오타후쿠소스 주식회사로 사명을 변경했다. 오타후쿠 그룹의 판매액은 계속 올라갔다. 지난 20년 동안의 추이를 살펴보면 128억 엔에서 236억 엔으로 대

폭 상승했다. 사원 수도 매년 늘어나 2016년에 589명이 되었다. 이렇게 성장하게 된 원천은 창업자의 이념에 있다.

"한마디로 말하면 '이타심'입니다. 우리의 사고방식에는 '함지박 철학'이란 게 있어요. '사람들에게 기쁨과 행복을 주는 것을 우리의 기쁨으로 여긴다'는 할아버지(사사키 기요카즈)의 말씀을 근거로 삼아 오타후쿠의 마음을 함지박의 물에 비유한 것입니다. 함지박의 물을 자기 쪽으로 끌어당기려고 아무리 열심히 손을 저어도 결국 손을 멈추는 순간 물결은 반대쪽으로 퍼져나가지요. 하지만 상대 쪽으로 물을 보내려 하면 물결은 오히려 자기 쪽으로 향합니다. 즉, 장사도 자기들의 이익만을 생각하는 것이 아니라 상대방을 위해 해야 한다고 생각하여, 세상에 행복을 안겨주고자 노력하다 보면 결국 자신도 행복해질 수 있다는 가르침이지요."

상품 판매를 전국으로 확대하면서 '오코노미 소스'라는 상품 이름을 상표로 등록하거나 제조 방법을 특허로 냈다면 좀 더 우위에 서서 비즈니스를 펼칠 수 있었을지도 모른다.

"창업자께서는 모든 일에는 인과응보가 있다고 말씀하셨습니다. 나쁜 행동에는 반드시 나쁜 보답이 있다는 거지요. 일시적으로 자신들만 풍요로워지는 것은 의미가 없습니다. 하지만 오코노미야키 업계가 번영을 누리게 되면 사회 전체로 환원할 수 있게 되죠."

오코노미야키 업계의 번영을 바라는 마음, 오코노미야키 문화를 확산시키려는 마음이 오타후쿠의 번영과 연결된 것이다.

브랜딩의 시작, 우리만의 약속을 지킨다

오타후쿠에는 창업 초기부터 제조업의 근본정신으로서 "몸에 나쁜 물질은 단 한 방울도 사용하지 않는다."는 신념을 고수해왔다. 그것은 식품 회사라면 반드시 지켜야 할 책임이며 오코노미야키라는 음식 문화를 지지하는 소스 기업으로서의 사명이기도 했다.

하지만 1969년 오타후쿠(당시에는 '오타후쿠조초 주식회사'였다.)의 사명에 의문을 갖게 되는 사태가 발생하였다. 당시에는 설탕이 부족했기 때문에 많은 식품 회사가 인공감미료인 치쿠로(チクロ)를 사용하고 있었다. 그해 봄 미국에서 인체에 미치는 치쿠로의 유해성에 관한 발표가 나왔고 유럽과 미국에서는 즉시 치쿠로 사용이 금지되었다. 일본 소스 공업회(日本ソース工業會)도 이듬해인 1970년 4월부터 치쿠로의 사용을 금지하기로 결정했다. 오타후쿠의 경영진은 "몸에 나쁜 물질은 단 한 방울도 사용하지 않는다."는 창업 이념을 이어받아 당시 판매 중이던 모든 상품을 즉시 회수하고 앞으로는 모든

상품에 치쿠로뿐 아니라 인공감미료를 일절 사용하지 않고 설탕만을 사용하기로 결정했다.

소스 업계에서는 이미 시장에 내놓은 상품은 회수하지 않는다는 약정이 있었기에 독단적으로 회수를 한 오타후쿠는 비판을 받았고 "이렇게 서둘러 회수를 할 정도면 오타후쿠는 다른 회사와 달리 그동안 몸에 나쁜 물질을 사용하고 있었던 거 아니야?" 하는 오해까지 받았다. 그 결과, 상품을 회수하고 처리하는 데 거액의 비용이 들어갔고 거기에 은행으로부터 융자에 대한 독촉을 받는 등 창업 이후 최대의 경영 위기에 빠졌다. 하지만 이 결단은 옳은 것이었다. 오타후쿠의 신속하고 성실한 행동에 거래처와 소비자들은 호의적인 반응을 보냈다. 경영 위기를 이겨낸 후 오타후쿠의 매상은 떨어지기는커녕 오히려 증가했다.

"지금도 우리 상품에는 합성 첨가물이나 보존용 재료가 전혀 사용되지 않고 있습니다. 식품을 제공하는 회사로서 원재료와 제조법에 있어 최대한의 안전을 추구합니다. 정기적으로 맛과 원재료 등을 점검하고 제조법을 개량하는 등 보다 좋은 맛을 내기 위해 진화를 거듭하고 있지요. 우리 소스는 타사와 비교해서 결코 낮은 가격이 아니지만 그 품질과 상품 가치에 자신감과 긍지를 갖고 있습니다."

사사키 대표의 어투에서 자부심이 느껴진다.

지속적인 개발로 소비자의 기대에 부응한다

오타후쿠는 처음 오코노미야키 소스를 만들었을 때부터 사람들의 건강에 대한 마음은 물론 항상 고객의 눈높이에서 고객의 목소리를 우선하여 '한 방울, 한 방울에 정성을 담아' 상품을 개발해왔다.

현재 매장 앞에 진열된 고객들에게 익숙한 상품 외에도 오코노미야키 음식점의 조미료나 식품, 반찬 회사의 요청에 맞춰 개발과 제조를 하는 특별한 상품도 많이 있다. 그것들을 모두 합하면 이들이 생산하는 상품은 2,200종류가 넘으며 2015년에만 174종을 신규로 등록했다. 가정에서도 맛있는 오코노미야키를 가볍게 즐길 수 있도록 재료를 세트로 구성한 '오코노미야키 고다와리 세트'나 7대 알레르기를 유발할 수 있는 원료는 전혀 사용하지 않는 어린이용 소스 '1세부터의 시리즈', 지퍼가 달린 봉투에 넣어 야채를 그대로 절일 수 있는 '지퍼 달린 피클 초절임 파우치' 등의 참신한 상품들은 고객의 목소리를 듣고 신속하게 대응해온 오타후쿠 그룹만의 상품이다. 상품 개발에 대한 이런 도전은 "음식을 통하여 '건강과 풍요와 화목'을 불러들여 미소가 넘치는 사회로."라는 창업 초기부터 이어져 내려온 기업 정신의 표현이다.

오타후쿠 그룹의 연수를 활성화하고 개발을 촉진하겠다는 목적으로 2015년 9월에 오타후쿠 R&D 센터인 윌에그

(WillEgg)가 만들어졌다.

"회사의 입장에서 볼 때 '좋은 상품을 만든다'는 명제는 무엇보다 중요합니다. 그래서 마케팅과 구매 부문, 우리 회사의 강점인 상품 연구와 개발 기능을 R&D 센터에 집약시켰습니다. 그렇게 해서 상품 개발의 혁신을 도모하고 고객의 요청에 부응하여 상품화 속도를 향상할 뿐 아니라, 원재료의 기초 연구와 가공이라는 중장기적인 시도를 연계시켜 새로운 가치를 창조해가는 것이지요."

소스를 파는 것이 아니라 '음식 문화'를 확산시킨다

오타후쿠가 전국 최고의 시장점유율을 차지하는 회사가 된 원인은 "상품을 파는 것이 아니라 일을 판다."는 정신을 철저하게 지켰기 때문이라고 사사키 대표는 말한다.

"전국으로 판매를 할 때, 우리는 소스를 파는 것보다는 오코노미야키를 알리는 데에 주력했습니다. 그 이유는 우리가 오코노미야키 음식점 덕분에 성장했기 때문입니다. 따라서 건강하고 맛있는 오코노미야키를 즐기는 음식 문화를 각지에 확산시키는 것이 우리의 사명이라고 생각합니다."

이렇게 생각하게 된 계기는 히로시마에서는 압도적인 사장점유율을 자랑하면서도 전국 진출을 했던 초반에는 고전을 면치 못했던 것에 있다.

"우선 히로시마 전체, 그리고 세도우치세토나이카이(瀬戸內海) 경제권으로 조금씩 판로를 넓혀가는 도미넌트(dominant) 전략으로 츄고쿠(中國), 규슈(九州) 지방에서의 시장점유율을 넓힌 뒤에 도쿄로 진출했습니다. 1984년의 일이지요. 당시 도쿄에는 오코노미야키 음식점이 손에 꼽을 정도로 드물었고 오코노미야키라는 음식이 사람들에게 그다지 인지되지 않은 상황이었습니다. 그런 도쿄에서 오코노미야키 전용 소스를 팔려고 해도 '이렇게 끈끈하고 단맛이 강한 소스는 인기가 없다'는 대답만 돌아왔고 실제로 처음 진출했을 당시 우리의 소스는 전혀 팔리지 않았습니다."

오코노미야키 불모지를 개척하기 위해 도전한 것이 '오코노미야키를 확산시키는 활동'이 된 것이다. 사사키 나오요시 대표는 "슈퍼마켓이나 백화점 식품 매장에 철판을 가져가서 사원들이 직접 오코노미야키를 만들어 고객들에게 맛보게 해보았습니다."라고 말한다. 상품 자체를 팔기 전에 우선 오코노미야키를 맛볼 수 있는 기회를 늘린 것이다. 그리고 그맛이 얼마나 좋은지 깨닫게 했다. 너무 멀리 돌아가는 것 같아 보일지 모르지만 우선 오코노미야키의 음식 문화를 알리는 것이 오타후쿠가 사업을 전국으로 확장해가면서 실행한 전략이었다. 그것만이 다가 아니다.

"우리 회사에는 오코노미야키 음식점을 개업하고 싶어 하는 분들을 위한 연수 센터가 있는데 그것을 처음으로 개설한 곳도 도쿄였습니다. 도쿄에 오코노미야키를 파는 곳이 적은 데다 도쿄에서 오코노미야키 음식점을 개업하고 싶어 하는 분들이 많았거든요."

오코노미야키 음식점을 열고 싶어 하는 개인 고객에게도 기술, 경영 등의 측면에서 정성을 다하여 지도했다. 그렇게 개업하게 된 점포는 오타후쿠의 오코노미야키 전용 소스를 사용한다. 오타후쿠의 고객을 육성하는 이러한 발상이 오타후쿠의 팬을 늘리게 되었다.

오타후쿠 마크가 새겨진 포렴과 노보리를 사용하게 한다

기업 이념을 모든 사원들에게 침투시켜 브랜드를 구축하는 것이 경영의 선순환을 만들어낸다. 오타후쿠는 기업 이념을 침투시키기 위해 사원 교육도 실시하고 있는데 아우터 브랜딩에 적극적으로 도전했던 것이 결과적으로 이너 브랜딩, 그리고 기업 브랜드 구축으로 연결된 것이 아닐까 한다.

아우터 브랜딩이라고 해도 오타후쿠는 텔레비전이나 미디어에 화려한 선전이나 광고를 거의 하지 않는다. 하지만 히로시마의 번화가를 걸어보면 오코노미야키 음식점 앞에서

오타후쿠 마크가 새겨진 포렴(布簾; 가게 입구의 처마 끝에 치는 상호가 새겨진 베 조각)이나 노보리(のぼり; 좁고 긴 천을 장대에 매달아 세운 것)를 볼 수 있다. 이런 판촉 도구들은 오타후쿠가 오코노미야키 음식점들에 배포한 것이다.

"전쟁 후 오코노미야키를 만드는 곳은 작은 포장마차나 전쟁으로 남편을 잃은 분들이 자택 처마 밑에 철판을 두고 영업을 하는 음식점뿐이었습니다. 창업자와 그 후의 경영자들은 그런 오코노미야키 음식점을 응원하고 싶은 마음에서 우란분재(盂蘭盆齋; 음력 7월 15일에 사찰에서 거행하는 불교 행사)나 연말에 인사를 다니면서 포렴이나 노보리, 소스 그릇, 접시 등을 나누어주었습니다. 지금은 일본 전역에 약 16,000개의 오코노미야키 음식점이 있다고 하는데 그중 절반이 우리 회사의 소스를 사용하고, 우리는 당연히 포렴이나 노보리를 제공하고 있습니다."

이곳저곳에서 볼 수 있는 오타후쿠의 포렴이나 노보리는 이제 히로시마의 트레이드 마크가 되었다.

"히로시마 주민들은 도쿄나 오사카로 나가는 분들이 많은데 그분들이 우리 회사의 상품을 각 지역에 알리고 있는 것도 매출에 큰 영향을 주고 있다고 생각합니다."

지역에서 사랑받는 식품으로 성장하여 일본 전국에 오코노미야키 음식점이 개업을 하자 오타후쿠의 마크가 들어 있는 포럼과 노보리가 전국 곳곳에 내걸리게 되었다. 오코노미야키 전용 소스가 개발된 이후 점주들의 의견에 진지하게 귀를 기울였다는 점, 그리고 음식점과 이인삼각으로 오코노미야키 문화를 이루어나갔다는 점이 오타후쿠를 일본을 대표하는 소스 브랜드로 성장시키는 밑거름이 된 것이다.

오코노미야키의 확산을 위해 창설된 오코노미야키과

오타후쿠는 오코노미야키를 보급하기 위해 지금도 다양한 도전을 이어나가고 있다.

"오코노미야키의 맛과 매력을 알려 음식 문화로 보급하는 것은 우리의 사명입니다. 2008년에는 본사 근처에 오코노미야키와 오타후쿠의 문화·역사를 알리는 시설인 '우드에그(WoodEgg) 오코노미야키관'을 개관했습니다. 오코노미야키 교실이나 음식점 개업 지원 연수도 수시로 개최합니다. 어린이부터 어른까지 수많은 분들이 찾아옵니다. 2014년에는 히로시마를 대표하는 오코노미야키 음식점과 히로시마에 위치한 대학의 연구자 및 관련 기업들과 함께 오코노미야키 아카데미를 설립했고, 오코노미야키 업계를 활성화해서 그 매력을 세계에 전하기 위한 다양한 활동을 실시하고 있습니다."

그 밖에도 히로시마 시내의 초등학교에서 오코노미야키

우드에그 오코노미야키관에서는 정기적으로 오코노미야키 교실이 열려 철판에 오코노미야키를 만들어보는 체험을 할 수 있다.

를 만드는 방법과 영양가에 대해 배우는 수업, 조리 기구를 완비해놓은 캐러밴 카 '단란고(団らん号)'를 사용한 유치원·아동 시설에서의 시식회, 전국 각지의 오타후쿠 사원들이 대형 소매점 등의 입구에서 오코노미야키를 실연해 판매하는 '실연 판매', 오코노미야키를 학문으로 다루는 전문지《OCOL-OGY(오콜로지)》제작 등 '오코노미야키를 즐기게 하고 알리기 위한' 다양한 도전을 하고 있다. 이런 도전을 주로 실시하는 곳은 1998년에 발족한 오코노미야키과다. 이 과의 업무는 '오코노미야키 관련 사업과 문화를 확산시키는 것'이다. 총 20명의 멤버들이 '어떻게 하면 사람들이 오코노미야키를 먹게 할 것인지'를 고민하고 확장을 꾀하고 있다.

2015년에 전국 각지에서 열린 오코노미야키 교실에는 약 12,000명이 참가했고 오코노미야키 음식점 개업을 지원하는 연수는 지금까지 누계 약 6,000명이 수강을 했다. 그리고 연간 약 30~40개의 점포가 개업을 한다고 한다. 개업 지원 연수를 받은 오코노미야키 음식점에는 실제로 연수를 담당했던 사원이 방문하여 경영과 관련된 상담 등 개업 이후의 지원도 아끼지 않는다. 1년에 한 번은 오코노미야키 음식점에 새로운 메뉴와 레시피를 제안하는 '오코노미야키 제안 모임'도 실시하고 있다.

"오코노미야키의 매력이 전파되어 전국에 오코노미야키

우드에그 오코노미야키관 2층 '오코노 박물관'에서 오코노미야키의 역사를 알 수 있다.

오코노 박물관에는 1950년대의 오코노미야키 음식점을 재현한 구역이 있다.

음식점이 증가하면서 우리 회사도 성장해왔습니다. 우리가 오코노미야키 직영점을 운영할 수도 있지만 기본적으로는 그런 전략은 펴지 않습니다. 우리는 오코노미야키 음식점 덕에 성장했습니다. 오코노미야키 전용 소스를 개발할 수 있었던 것도 오코노미야키 음식점 덕분입니다. 고객에게 순위를 매기거나 오코노미야키 음식점의 비즈니스를 방해할 생각은 전혀 없습니다."

이런 에피소드가 있다. 오타후쿠는 오코노미야키 음식점이 개업할 때는 물론이고 개업 이후에도 지원을 하고 있는데, 때로는 음식점의 문을 닫는 사람도 있다. 담당자는 그들에게서 "지금까지 신세 많이 졌습니다." 하는 연락을 받는다. 그러면 사원들은 "가게를 그만두는 일은 유감이지만 감사의 말을 꼭 전하고 싶습니다. 개업 이후 줄곧 우리 회사의 소스를 사용해주셔서 진심으로 감사했습니다."라고 말한다. 그런 기존의 고객들이 오타후쿠의 오코노미야키 전용 소스를 사람들에게 추천하는 경우도 있다.

이처럼 오타후쿠와 같이 고객과의 신뢰 관계를 구축하기 위한 도전을 멈추지 않고 상품의 판매 촉진이라는 틀을 뛰어넘어 오코노미야키 문화 보급 활동을 지속적으로 이어오는 회사는 따로 찾아보기가 어렵다. 이것이 이들의 강점이며, 최고의 소스 회사로 성장한 이유일 것이다.

우드에그 오코노미야키관 옆에는 진열대가 갖춰져 있어 오타후쿠의 가정용 상품이나 오리지널 재료 등을 구입할 수 있다.

같은 이념과 뜻을 공유한 사원들이 브랜드가 된다

오타후쿠의 활약 중심에는 현장에서 땀 흘리며 일한 사원들이 있었다. 사사키 대표는 이렇게 말한다.

"우리의 기업 이념과 사원들의 마음가짐은 '어떤 일이든 선의로 해석하고 감사의 마음을 가지고 밝고 적극적으로 행동한다'인데 실제로 그것을 이해하고 실천하기는 어렵습니다. 그러나 사원들은 현장에서 열심히 노력해주었습니다. 우리가 지금까지 이렇게 널리 알려지고 전국의 수많은 소비자의 사랑을 받게 된 것은 현장에서 뛰는 사원들이 기업 문화와 상품에 긍지를 가지고 땀 흘려 일해준 결과라고 생각하고 진심으로 감사하고 있습니다. 오타후쿠의 가장 큰 재산은 사원입니다. 뜻을 함께하는 동료들을 늘린 것이 오타후쿠의 성장에 가장 큰 도움이 되었고 이는 앞으로도 가장 중요한 부분이라고 생각합니다."

"로마는 하루아침에 이루어진 것이 아니다."라는 말이 있다. 기업 이념이 침투되는 것도 하루아침에 이루어지지 않았다. 그것이 가능했던 이유는 오랜 세월 동안 '오타후쿠의 정성이 깃든 마음으로 오코노미야키를 일본 전역에 확산시킨다'는 이념을 경영자가 앞장서서 실행해왔기 때문일 것이다. 오코노미야키가 전국으로 보급됨과 동시에 자사의 상품이 전국으로 확산된다. 그렇게 하여 사원 각자가 오코노미야키 문화를 자랑스러워하고 자신들의 상품이 가진 가치, 그리고 사명을 이해하게 된다. 이는 오타후쿠의 보급 활동이 이너 브랜딩에서도 성공을 거둔 좋은 예라고 할 수 있다.

전국에서 오코노미야키의 팬을 지속적으로 만들어나가고 있는 사원들이 좀 더 편하게 활약할 수 있도록 사사키 대표가 새롭게 제시한 방침은 '현장주의'다.

"우리 기업의 높은 인지도와 브랜드력은 거래처와 소비자 여러분을 직접적으로 상대하는 현장 사원들이 구축해온 것입니다. 그 강력한 현장감이 고객 만족도를 좌우하지요. 이 높은 브랜드 가치를 비즈니스에 좀 더 효과적으로 활용하려면 현장 사원들이 임기응변으로 상황을 판단하고 자신의 생각에 따라 일을 할 수 있는 조직으로 만들어야 합니다."

오타후쿠 그룹은 사사키 가족이 경영해온 패밀리 기업이다. 그것이 조직으로서의 결속력과 단결력을 발휘할 수 있다는 장점은 있지만 조직이 세로로 갈라져버리면 일반적으로는 조직 사이에 연계성을 가지기 어렵다는 단점도 발생할 수 있다.

"히로시마라고 하면 '평화'를 상징합니다. 아울러 창업 시절부터 이어온 화목의 이념은 앞으로도 지속적으로 계승해야 한다고 생각합니다. 그런 한편 오늘날의 기업 경영에서는 빠른 의사 결정이 필수적이고 우리도 상사와 부하 직원 사이,

부서 사이의 장벽을 타파해서 각각의 현장이 독자적으로 판단하여 사업을 주도해가는 조직을 만들어야 하겠지요. 그래서 정기적으로 부서와 부서의 장벽을 없애고 업무에서의 고충을 서로 나눌 수 있는 '와이가야도장(わいがや道場)'이라는 모임을 만들었습니다. 부서와 부서가 수평적으로 의견을 교환하는 과정을 통해 현장의 힘을 보다 살릴 수 있는 조직으로 만드는 것이 목적입니다."

히로시마에서 세계로 뻗어가는 오코노미야키의 매력

현장·고객의 눈높이의 상품 개발과 오코노미야키 문화 보급에 진력하여 오코노미야키 소스 분야에서 최고의 시장 점유율을 자랑하는 기업으로 성장한 오타후쿠 그룹이 다음에 오코노미야키를 확산시키게 될 무대는 전 세계다.

"우리는 2013년부터 중국의 칭다오(青島)와 미국의 로스앤젤레스 근교 산타페스프링스(Santa Fe Springs)에 자사의 공장을 진출시켜 해외 사업을 추진하고 있습니다. 저는 입사 후 줄곧 해외 사업 파트에 있었는데 그 과정에서 느낀 것은 해외에서 사업을 하려면 우선 일본에서의 브랜드 지위를 확립해야 한다는 것이었습니다. 우리는 히로시마의 작은 상점에서 출발하여 세토나이카이 경제권, 서일본 등 각 지역에서 브

외국인 관광객용으로 만들어진 오코노미야키 가이드북.
오코노미야키를 맛있게 먹는 방법이 영어로 쓰여 있다.

랜드를 육성해 전국 진출을 이루어냈습니다. 일본 오코노미야키 전용 소스 분야에서 최고의 시장점유율을 자랑하는 지금이야말로 본격적으로 해외로 사업을 넓혀갈 기회라고 생각합니다."

현재 'OKONOMI SAUCE'라는 상품명으로 해외에 진출했지만 오코노미야키의 인지도는 아직 높지 않은 상태다. 그 때문에 도쿄로 진출할 때도 그러했듯 미국의 페스티벌에서 오코노미야키를 실연해보이거나 뉴욕 등의 대도시에서 오코노미야키 음식점 개업을 지원하고 있다.

"중국이나 미국에서도 조금씩 '상품'을 파는 것이 아니라 '일'을 판다는 기업 이념 아래에서 오코노미야키를 보급할 수 있는 발판이 마련되고 있습니다. 또 2016년 8월에는 말레이시아에서 이슬람교도들도 안심하고 먹을 수 있도록 할랄(Halal) 소스를 제조하기 시작했습니다. 오코노미 소스의 달콤함을 만들어내는 중요한 과실인 대추야자 열매(date)는 일본에서는 익숙하지 않은 식재료입니다만 사실 영양가가 매우 높고 무슬림인들은 단식이 끝나면 반드시 먹는 음식입니다. 그런 점에서도 오코노미 소스가 받아들여질 가능성이 충분히 있습니다. 이미 해외의 맛에 대한 기호를 고려하여 맛을 조정한 오코노미 소스를 개발하고 있습니다."

오타후쿠 그룹은 최근 해외 관광객들이 급증하고 있는 현

상도 해외로 진출할 커다란 기회로 포착하고 있다.

"외국인들의 일본 여행이 증가하면서 히로시마에도 수많은 외국인들이 방문하고 있습니다. 히로시마에서 오코노미야키를 맛볼 기회가 있다면 관광객들은 틀림없이 좋아할 것이고 그 과정을 통해서 오코노미야키가 전 세계로 퍼져나가겠지요. 다만 오코노미야키를 모르는 외국인 관광객들의 입장에서 볼 때 오코노미야키는 주문 방법이나 먹는 방법을 이해하기 어려운 측면도 있습니다. 그래서 우리는 일본어를 모르는 외국인들도 한눈에 오코노미야키가 어떤 음식이고 재료는 무엇이 사용되는지, 그리고 주문에서부터 먹는 방법까지 알 수 있도록 일러스트와 함께 쉬운 영어로 설명된 가이드북을 만들었습니다. 이것을 히로시마의 오코노미야키 음식점에 배포하고 있습니다."

일본으로 여행을 와서 히로시마에서 맛있는 오코노미야키를 먹는 이 한 번의 체험이야말로 절대적인 선전 효과를 만들어낼 수 있을 것이라고 사사키 대표는 열의에 찬 표정으로 말한다.

"오코노미야키를 좋아하는 사람들이 증가하고 업계가 활성화되면 우리도 더욱 성장할 수 있습니다. 그렇게 주목을 모아 전 세계에 오코노미야키를 확산시켜 붐을 일으키고 싶습니다. 오코노미야키를 보급해가는 활동은 지루하고 답답해

보일지 모르지만 10년 후, 20년 후가 되면 틀림없이 이 노력이 열매를 맺을 것입니다. 그때는 오코노미야키도 오타후쿠도 국제적인 위치를 차지하게 될 것이라고 믿고 있습니다."

2022년에 창업 100주년을 맞는 오타후쿠소스. 그때쯤이면 '히로시마에서 시작된 오코노미야키의 맛을 전 세계로 전한다'는 오타후쿠의 사업은 더욱 확대되고 가속화될 것이다. 초밥, 튀김, 라면과 나란히 오코노미야키가 일본을 대표하는 음식이 될 날도 머지않은 듯하다. 전 세계인들이 오코노미야키를 맛있게 먹게 되었을 때 거기에 사용되는 것은 현지의 입맛에 맞는 오코노미야키 식재료와 오타후쿠의 오코노미소스이며, 오코노미야키 음식점마다 오타후쿠의 포럼이 내걸리게 될 것이다.

사사키 나오요시

1963년 히로시마 현 출생. 가쿠슈인대학 경제학부를 졸업하고 1987년 오타후쿠소스 주식회사에 입사해 경영 기획실, 국제 사업부 등을 거쳐 1998년부터 미국 Otafuku Foods의 대표이사 사장으로 취임했다. 2009년부터 오타후쿠 홀딩스 주식회사의 전무이사를 지냈고 2015년 10월부터 대표이사 사장을 지내고 있다.

오타후쿠소스 주식회사 www.otafuku.co.jp

1922년 11월 창립되었고 각종 소스와 조미료 개발·제조 및 판매 사업을 하고 있다. 히로시마 현 히로시마 시에 위치해 있다.

chapter 4.

Brand

지역 브랜딩의
성공 조건

인구 감소가 우려되는 상황에서 지역의 성장은
자치단체의 입장에서 매우 중요한 과제다. 일본에는
세계적으로 인정받을 만한 상품들이 많다. 그것들을
어떻게 하면 전 세계에 알리고 확산시킬 수 있을까.
앞으로의 지역 브랜딩에는 비즈니스에서의 풍부한
경험과 발상 능력, 그리고 세계적인 관점을 가진
인재가 필요하다.

33. 지역 브랜딩의 착각과 문제점

지역 브랜딩은 어디에 포커스를 맞추어야 할까

지방자치단체에서 브랜드 만들기라고 하면 캐릭터 만들기로 끝나버려 콘셉트가 무엇인지 이해하기 어려운 경우가 많다. 사람들은 '마스코트'를 만드는 것이 지역 활성화라고 착각하곤 한다. 기업의 경우에는 고객을 불러들인다, 매출을 높인다, 인재를 모은다 등 어느 정도 목적이 분명하지만 지역 브랜딩에서는 목적이 명확하지 않을 때가 많다. 언뜻 분명한 것처럼 보여도 실제로 얘기를 들어보기 전에는 알 수 없다. 이야기를 들어보면 사람에 따라 설명이 다르기 때문이다. 따라서 어디에 포커스를 맞추어야 할지 조정이 필요하다.

전문가가 없기에 리스크를 감수할 수 없다

나는 지역을 상대하는 일이 기업을 상대하는 것 이상으로 어렵다는 사실을 실감했다. 기업의 경우에는 나름의 전문 지식을 가진 사람이 담당자로 나서지만 지역이 브랜드를 만들 때에는 관공서 직원 등 브랜딩 전문가가 아닌 사람들이 조사를 하고 대리점 등에 발주한다. 그리고 대리점에 발주할 때도 전문가가 아니기 때문에 안전한 쪽을 택해서 다른 자치단체가 의뢰한 적이 있는 곳에 의뢰를 해버리는 경우가 흔하다. 대부분의 경우 콘셉트가 분명하지 않고 계획이 모두 비슷비슷하다. 또 지역의 안건은 무엇을 하고 싶은지, 누가 리더인지 등이 명확하지 않은 채로 시작되는 경우가 많다.

비즈니스를 해본 적이 없는 자치단체 직원이 책임자가 되면 어떤 일이 발생할까? 자신의 입장에서 리스크가 적은 컨설턴트나 업자에게 의뢰하기 쉽다. 하지만 리스크를 감수하고 가치를 창출하는 것이 비즈니스이기 때문에 새로운 일에 도전하지 않으면 변화를 일으킬 수 있는 프로젝트는 나오지 않는다. 일이 순조롭게 풀리지 않아 변화를 주려고 생각할 때 지금까지 그 일을 담당했던 사람이 나름대로 새로운 발상을 제시하고 추진한다고 해도 변화는 이끌어내기가 어렵다.

반복해서 말하지만, 브랜드의 가치는 눈에 보이는 형태로 존재하는 것이 아니다. 눈에 보이지 않는 곳에 투자를 해야 하는데 평소에 도전을 해본 적이 없는 사람에게 결정을 맡기는 것 자체가 무리다. 평소에 준비운동을 하지 않은 사람이 갑자기 풀 마라톤을 하면 당연히 건강에 무리가 발생한다. 마찬가지다. 지방자치단체에서는 평소에 해본 적이 없는 일을 시키는 상황들이 자주 발생한다. 그럴 경우, 일부 아는 척하기 좋아하는 사람들이 나타나 자신들의 이해관계를 바탕으로 일을 추진하게 되는데, 이것이 바로 지역 브랜딩이 안고 있는 문제점이다.

34. 지역 브랜딩은 방향성 통일이 핵심

미노야키의 산지 '세라믹 밸리'에서의 도전

우리 회사는 기후(岐阜) 현에 있는 미노야키(美濃焼)의 산지를 '세라믹 밸리(Ceramic Valley)'라 이름 붙인 브랜드전략에 관여하고 있다. 일본 도자기 시장이 국내에서는 축소되고 있는 한편 세계 시장은 확대되고 있다. 그런 세계 시장에 어떤 식으로 접근할지, 다양한 기업의 움직임을 견본으로 삼으면서 미노야키의 브랜드 만들기를 추진하고 있다.

이 브랜딩은 도자기 업계 관련자만을 대상으로 삼지 않는다. 그 밖에도 다양한 산업이 있기 때문에 그들의 협력도 얻어야 한다. 브랜딩을 통해서 그 지역 전체에 이익을 안겨줄 수 있는 구조가 아니면 의미가 없다. 도자기를 계기로 그 지역에 고객이 찾아오게 된다면 음식점 등 그 밖의 산업에도 도움이 된다. 이러한 동선을 생각하지 않으면 오랫동안 지속될 수 없다. 전시회나 축제 등을 열 계획이라면 미리 그쪽 사람들과 관계를 맺고, 행사가 종료된 이후에도 지속적인 관계성을 구축해야 한다.

중요한 것은 지역 주민을 끌어들이는 것

지역 브랜딩에서는 참여 멤버를 그곳에 살고 있는 주민 전체라고 생각해야 한다. 그렇다면 당연히 다양한 생각과 입장이 얽혀 있기에 의사 결정을 하는 사람도 늘어나고 조정 역할이나 정리하는 역할을 하는 사람이 필요하다. 먼저 방향성을 통일하는 작업을 하지 않으면 순조롭게 진행될 수 없다. 나는 지역 브랜딩에서는 최대한 참여자의 폭을 넓혀 일반인들을 끌어들이는 게 매우 중요하다고 생각한다.

35.
지역 브랜딩은 지혜나 경험에 '돈'을 지불한다

안이한 사고방식은 통하지 않는 시대

지역 브랜딩에서는 "일단 만들어보자.", "다른 곳에서도 팔리고 있으니 우리 제품도 팔릴 것이다."라는 안이한 사고방식이 문제가 되는 경우가 많다. 지방의 특산품 전시장이나 역전에 가보면 그 지역의 명물이라고 진열되어 있지만 어디에서나 흔히 볼 수 있는 제품들이 놓여 있곤 한다. 야채, 건어물, 어묵, 때로는 소시지도 보인다…. 그리고 아이스크림만 더하면 그것으로 됐다는 느낌이다.

판매자가 어떤 고객을 타깃으로 하는지가 뻔히 보인다. 특산품은 소비자가 한 번 구입하면 그만이고 재구매를 하는 상품은 아니라고 생각한다. 가격 설정도 그렇다. 편의점이나 슈퍼마켓에서는 100엔, 200엔이면 살 수 있는 것이 특산품이라는 이름을 달면 500엔, 1,000엔으로 뛰어오른다. 왜 그럴까? 특산품이라서 손님들이 쉽게 지갑을 열 거라고 생각하기 때문이다. 과거에는 그런 얄팍한 상술이 통했을지 모르지만 지금은 판매자의 '~할 것이다'라는 안이함은 통하지 않는 시대다. 같은 가격이라면 대부분의 식재료는 편의점 쪽이 훨씬 더 맛있다. 그렇다면 자신들의 상품에 어떤 식으로 브랜드 가치를 매겨야 할까. 아이스크림 하나만 하더라도 그 지역까지 찾아온 관광객에게 정말로 맛있는 아이스크림을 맛보게 하겠다는 생각으로 최대한의 노력을 기울였는가. 지역의 야채나 과일을 이용한 아이스크림을 만들어냈다는 것만으로 만족하고 있는 건 아닐까. 이러한 점들을 돌아보아야 한다.

지역의 야채를 사용한다면 그 야채를 사용해서 정말로 맛있는 음식을 만들 수 있는 전문가가 필요하다. '다른 지역에서도 이렇게 하고 있으니까.'라는 사고방식으로는 살아남을 수 없다.

브랜딩 전문가라면 다양한 가능성을 생각할 수 있다

지역 주민들에게도 정말로 맛있는 음식을 만들고 싶은 마음은 있을 것이다. 단지 방식을 모를 뿐이다. 우리와 같은 브랜딩 전문가라면 지역에 공헌하고 싶어 하는 일류 요리사를 연결해줄 수 있고 다양한 가능성을 생각할 수 있다. 많은 돈을 들이지 않더라도 브랜딩은 얼마든지 가능하다.

마을을 대표해서 정말로 맛있는 소시지를 만들 생각이라면 맛있다고 소문난 음식점을 몇 군데 돌아다니며 함께 공동 개발을 하자고 의뢰를 해야 한다. 그 어느 곳에도 뒤지지 않는 무엇인가를 어디까지 추구할 수 있는지가 승부의 핵심이 된다. 그러나 대부분의 지역에서는 "이 정도면 될 거야." 하며 곧잘 타협해버린다. 이것이 진정한 브랜딩을 방해한다. 내가 지방에 갔다가 종종 실망하게 되는 이유는 사람들의 변명이 많다는 것이다. "우리는 무리입니다.", "모르니까요."라는 식으로 말이다.

모르면 조사해서 알아내야 하지 않을까? 자신들은 무리라고 생각한다면 지혜와 경험이 있는 사람을 찾아가 의뢰를 해야 하지 않을까. 평소 '노하우에 돈을 지불한다'는 감각이 없었다면 나의 말에 저항감이 느껴질 수 있다. 하지만 하드웨어를 만드는 것이 아니기 때문에 여기에 막대한 돈이 들어가지는 않을 것이다.

지역 브랜딩에 세계적 관점이 결여되어 있는 것도 안타깝다는 생각이 드는 이유 중 하나다. 실제로 일본에는 농산물이건 전통 산업이건 지금까지 세계에서 통하지 않을 것이라고 생각했던 분야에서 전 세계적으로 호평을 얻어낸 사례들이 얼마든지 있다.

그런 한편 명물, 특산품이라고 칭하면서 자기만족으로만 끝나버리는 면이 있고, 다른 한편으로는 국제적인 경쟁력을 충분히 갖추었으면서도 해외로 나가려 하지 않는 소극적인 심리도 존재한다. 세계적인 관점을 갖지 않으면 가능성을 스스로 말살하는 결과를 낳을 수밖에 없다. 지금 세계적으로 발생하는 특정 현상들과 자신의 사업을 올바른 감각으로 포착하고 연결하는 사고방식이 필요하다.

36. 지역 브랜딩은
세계적인 관점으로!

함께 땀 흘리는 사람이 필요하다

그렇다면 어떻게 해야 믿음직한 전문가를 선택할 수 있을까? 우선 그 지역을 잘 모르는 사람은 열외다. 자주 찾아와 그 지역 주민들의 이야기에 귀를 기울이고 관심을 보이는 사람이 아니면 맡길 수 없다. 지역 주민들은 확실히 무언가를 바꿔주길 바라고 있지만 그 사람이 진심으로 최선을 다해줄지 의심이 든다면 신뢰 관계가 구축될 때까지 상당한 시간을 들여야 한다. 함께 밥을 먹고 술잔을 기울이는 것부터 시작해 어느 정도 친밀감이 형성되어야 비로소 함께할 수 있다.

동시에 세상에 대한 견문이 넓고 다양한 기업과 협력을 한 경험도 있는 사람이어야 한다. 또 발상의 폭을 갖춘 사람이 좋다. 그런데 그런 사람은 한정되어 있기 때문에 자치단체의 브랜딩이 어려운 것이다. 또한 지식만 풍부하고 행동이 따르지 않는 사람도 곤란하고, 시야가 너무 좁은 사람도 곤란하다.

지역에는 경쟁력 있는 제품들이 얼마든지 있다

앞으로 지역 활성화에는 반드시 '해외에서도 팔릴 수 있는가' 하는 관점이 갖춰져 있어야 한다. 이제는 시장을 내국인에게만 열어놓아서는 안 된다. 정말로 좋은 제품을 만들고 있어도 내국인이 그 장점을 이해하지 못하는 경우도 있고 일시적인 붐으로 끝나버릴 수도 있다. 그렇다면 외국인을 상대하는 쪽이 훨씬 더 성공할 가능성이 높다. 자신들의 제품이 외국인들에게 호평을 얻을 리 없다고 생각하는 사람도 있겠지만 사실 각 지역에는 세계적으로 유명해질 수 있는 제품들이 얼마든지 있다.

37. 지역 브랜딩의 핵심은 알리고 싶은 '마음'이다

지역에 이익이 되는 것을 제공한다

지역 브랜딩을 할 때에는 지역의 입장에서 볼 때 본질적으로 도움이 되는 것을 제공할 수 있어야 한다. "폭죽을 가지고 큰 이벤트를 했습니다."라고 말해도 대부분은 그것으로 끝나버리고 아무것도 남지 않는다. "꽤 멋졌어!" 하는 정도로 끝내지 말고 사람들이 그 지역을 다시 찾아오게끔 행동으로 연결하는 힘이 있어야 한다. 그렇지 않으면 지역이 이익을 올릴 수 있는, 본질적으로 도움이 되는 효과는 발생하지 않는다.

외형만이 아니라 그 지역의 산업이나 전통문화를 남기려면 어떻게 해야 좋을지 고민이 될 때, 이를 위한 지원을 하는 것이 바로 지역 브랜딩이라는 사실을 잊지 말아야 한다. 우리 회사의 지역 브랜딩은 이 부분에 포커스를 맞추고 있다. 지역의 산업이나 전통문화 계승을 순조롭게 진행하기 위해 투자금을 모으거나 세계적으로 PR을 하거나 주변을 끌어들여 외부로부터 "정말 좋은데요!"라는 말을 들을 수 있는 제품을 만드는 것이 지역 브랜딩이다.

우리는 지역의 젊은 경영자들을 모아 무료로 스터디를 열고 있다. 이곳에서 부모에게 물려받은 일을 다음 세대에 남기기 위해 무엇을 해야 할지 등을 함께 고민한다. 이것은 우리의 비즈니스에 속하는 일은 아니지만 이 정도의 노력을 기울이지 않고는 지역 브랜딩을 할 수 없다. 자신들이 가진 노하우를 제대로 살릴 수 있는지를 포함하여 사회에 어떤 공헌을 할 수 있는지를 생각하고 고민해야 한다.

제품이 아니라 마음을 가지고 간다

우리 회사가 지금까지 기업의 해외 진출을 지원하거나 일본의 브랜드를 세계에 알리는 일을 하면서 깨달은 점은, 좋은 제품을 가지고 간다고 해서 팔리는 게 아니라는 것이다. 제품이 아니라 '마음'을 가지고 가야 한다. 어느 나라이건 사람은 그 마음에 감명을 받고 공감을 한다.

외국인이 만든 사케(日本酒)를 떠올려보자. 처음에는 '외국인이 만든 일본 술이라니, 말도 안 돼.' 하는 거부감이 들수 있다. 그러나 쌀이나 물에 관해 일본인보다 더 진지하게 연구해서 만들었다는 마음이 전해진다면 평가는 확 달라진다. 그 지역 주민들이 도전하고 있는 자세나 마음을 확실하게 PR하지 않으면 제품이 아무리 우수해도 팔리지 않게 된다.

우리에게는 기업의 지원을 통해 길러진 경험과 노하우가 있다. 지역이나 자치단체에 그것을 환원시켜 공헌할 수 있다는 데에 우리의 존재 의미가 있다고 나는 생각한다. 또한 지역 브랜딩을 통해 배운 것을 비즈니스에서 살릴 수 있다. 이것이 우리가 받는 대가다.

38. 돈 이상의 서비스를 제공해야 신뢰를 얻는다

브랜딩은 눈에 보이지 않는다

우리 회사가 다양한 기업과 지역을 브랜딩하면서 명심하고 있는 점은 클라이언트 자신을 성장시켜야 한다는 것이다. 클라이언트의 브랜드력을 올리는 것이 우리의 가장 중요한 의무라고 생각한다.

상품 카탈로그를 예로 들면, 상품을 아름답게 보여주어 제품의 장점을 알리는 것이 카탈로그의 역할이다. 우리 회사는 제품을 맡기는 클라이언트나 그 클라이언트의 브랜드를 아름답고 멋지게 보이도록 하는, 즉 좋은 이미지를 주도록 하는 데에 특화되어 있는 회사다.

우리가 아니면 할 수 없는 일을 하고 있는가

클라이언트가 지불하는 돈 이상의 서비스를 제공해야 신뢰를 얻는다. 브랜딩은 특별히 형태가 있는 것이 아니기에 눈에 보이지 않는 것을 파는 행위와 같다. 상대방에게 자신이 이 회사에 지불하는 대가 이상으로 무엇인가를 얻고 있다, 지불하는 대가 이상으로 서비스를 받고 있다는 생각을 주지 못한다면 다음 일은 들어오지 않는다.

무엇보다도 우리가 아니면 할 수 없는 일을 할 수 있는지를 생각해야 한다. B사나 C사도 할 수 있는 일이라면 다음 일과 연계될 수 없고 브랜드력은 높일 수 없다. 일본인은 음식이 맛이 없어도 "맛이 없어요."라고 말하지 않고 "잘 먹었습니다."라고 말한다. 그리고 일이 끝나면 누구나 "감사합니다."라고 말한다. 하지만 감사하다는 말로 끝난다면 사실은 만족스럽지 않았다는 뜻이다.

39. 경험치나 감각에 의지하지 않는다

기준은 재주문이나 재발주를 받는 것이다

"역시 이마지나는 믿을 수 있어."라는 말을 들을 수 있을 정도로 일을 하지 않으면 우리 회사를 원하는 고객도 사라질 것이다. 수많은 기업이 견적을 보고 우리 회사를 선택할 수도 있지만 자발적으로 우리 회사를 원해서 찾아오게 하려면 우리 회사만이 할 수 있는 일은 무엇인지를 끊임없이 생각하고 서비스의 부가가치로 제공해야 한다.

자신들이 부가가치가 있는 서비스를 제공할 수 있는지에 대한 최고의 기준은 기존의 고객이 새로운 고객을 소개해주는가 하는 것이다. 재발주나 소개가 있어야 비로소 우리 회사가 인정을 받았다고 실감할 수 있다.

고객이나 유저의 관점에서 철저히 분석한다

컨설팅은 눈에 보이지 않는 일이기 때문에 극단적으로 말하면 성과의 근거에 대한 뚜렷한 기준은 없다. 하지만 예를 들어 "이것을 이런 식으로 하면 꽤 좋아질 것입니다."라고 말했다면 그것이 유명한 디자이너이건 인기 있는 컨설턴트이건 무슨 근거로 그런 말을 할 수 있는지 근거를 들 수 있어야 한다.

그러나 그 근거라는 것이 경험치나 감각에 따른 경우가 많아서 매번 적중하리란 보장은 없다. 대부분의 경우, 클라이언트의 자기만족으로 끝나버린다. "그 디자이너에게 의뢰했는데 역시 훌륭한 제품을 완성해왔어."라고 말하지만 정말로 부가가치를 향상시키기 위해 공헌을 했는지는 검증해보지 않고는 알 수 없다. 유명세와 비즈니스는 다르기 때문이다.

경험치나 감각에 의지하지 않으려면 자신들의 부가가치를 높이기 위한 전략에 관하여 고객이나 유저의 관점으로 철저하게 분석을 해야 한다. 어떻게 하면 고객이 돈을 지불할 만한 가치가 있다고 인정할지 가격 설정도 포함하여 세밀하게 생각해야 한다. 타사가 이 정도를 받으니까 우리도 이 정도를 받으면 될 것이라고 생각하거나 평균적으로 이 정도이니까 우리도 이 정도를 받자는 식으로 안이한 결정을 내리는 것은 금물이다.

우리 회사의 브랜드전략은 크게 나누어 네 가지 단계로 구성된다. 첫 번째 단계는 '현재 상태 정리와 과제 설정'이다. 이를 통해 브랜드의 장점과 약점을 파악한다. 두 번째 단계는 '브랜드전략의 지침 책정'이다. 브랜드에 고객이 무엇을 기대하고 있는지 고객의 입장에서 브랜드의 의미를 재확인한다. 세 번째는 '행동 계획 책정'이다. 여기서는 슬로건이나 PR 방식에 관한 검토가 필요하다. 그리고 마지막 단계가 '가치관 형성을 위한 실행'이다. 이 단계에서는 상품이나 서비스와 관련된 창조적 개발이나 홍보, 이벤트, 기업 외부와의 커뮤니케이션 등이 이루어진다. 브랜딩은 눈에 보이지 않는 영역이기에 어떤 과정을 통해 목표를 지향하고 있으며 그 투자가 어떤 식으로 회수되는지 이미지를 그릴 수 있도록 프로젝트를 진행해야 한다.

아키타 현 지사
사타케 노리히사

와라비자 대표이사 사장
야마카와 다쓰미

아키타 경제연구소 전무이사 소장
마쓰부치 히데카즈

©PIXTA

지역 활성화 실현을 위한 아키타 현의 브랜드전략

지역 활성화는 전국 자치단체들의 중요한 과제다. 인구 감소와 고령화 문제가 심화되는 상황에서 자치단체는 앞으로 어떻게 대처해야 할까? 여기에서는 아키타 현의 사타케 노리히사 지사와 와라비자의 대표이사 사장인 야마카와 다쓰미, 그리고 아키타 경제연구소 전무이사 소장인 마쓰부치 히데카즈의 인터뷰를 통해 아키타의 미래를 위한 대응책을 살펴보았다.

◎인터뷰어: 세키노 요시키 ◎글·구성: 구도 유이치

전통을 지키면서도
'질 높은 지역'을 지향한다

– 아키타 현 지사 사타케 노리히사

　　　　　'아키타'라는 말을 들으면 여러분은 무엇이 떠오르는가? 아키타 견(犬), 아키타 미인, 아키타 삼나무, 아키타 마을, 기리탄포(きりたんぽ; 밥을 꼬치에 끼워 구운 아키타 지방의 음식), 나마하게(なまはげ; 아키타 현의 전통 민속 행사), 도루묵, 이부리갓코(燻りがっこ; 훈제 무 절임), 히나이지도리(比内地鶏; 아키타 현 북부에서 오래전부터 사육된 토종닭), 다자와(田澤) 호수, 뉴토온센쿄(乳頭溫泉鄕; 아키타 현 센보쿠 시에 있는 온천 단지), 가쿠노다테(角館) 무사 저택 등 아키타 현이 자랑하는 특산품, 명물, 관광지는 열거하자면 끝이 없다.

　　실제로 아키타 현은 일본의 47개 행정구역 중에서도 특산품이나 명물, 관광지의 지명도가 꽤 높은 곳으로 "아키타라는 말을 듣고 떠오르는 것은?"이라는 설문 조사에서 40여 가지의 답변이 나온 적도 있다. 한편 일본 관광청이 내놓은 2015년 숙박 여행 통계조사 행정 구역별 연 숙박자 수(2015년 1월부터 12월까지)에서 아키타 현은 약 346만 명으로 47개 행정 구역 중 41위라는 결과가 나왔다. 이런 현상을 우려하면서 2009년에 지사로 취임한 이후 아키타의 브랜드를 어떻게 이끌어내어 전달할지를 중심 과제로 포착하여 정무를 견인해 온 사람이 아키타 현 사타케 노리히사 지사다. 그는 아키타의 매력을 이렇게 말한다.

"아키타에는 아름다운 전원 풍경과 다채롭고 향토색이 넘치는 문화와 예술이 있고, 채취 가능한 산나물이 풍부하게 자라며 목재·광물을 비롯한 천연자원이 있어 지방으로서의 매력이 넘칩니다. 전후 수십 년간 일본은 물질적인 가치관을 중시하고 경제 발전에 매진해왔지만 그런 한편으로 잃어버린 것도 많습니다. 그 대표적인 것이 '자연과 사람', '사람과 사람'의 풍요로운 관계, 그리고 그것을 지탱하는 지역공동체일 것입니다. 하지만 우리가 경제적 번영 대신 잃어가고 있는 일본 본래의 장점이라고 할 수 있는 것이 아키타에서는 소중하게 보존되어 남아 있습니다."

풍요로운 자연 속에서 수많은 예술과 전통 공예, 제례 등이 끊이지 않고 이어져 내려오는 아키타는 도시에는 없는 지방만의 가치와 매력을 갖춘 보물 창고다.

'질 높은 지역'을 실현하기 위한 부가가치 만들기

도시에는 없는 지방만의 매력과 가치를 가진 보물 창고라 해서 사타케 지사가 세계화 시대의 아키타 경제를 소홀히 생각하고 있는 것은 아니다. 오히려 사타케 지사의 목표는 아키타가 계승해온 전통적 가치와 세계 경제에서의 자립을 양립시키는 것이다.

사타케 지사는 평소에 미래의 아키타가 지향해야 할 이상적인 모습을 '질 높은 지역'으로 설정하고 '아키타 비전'이라는 캐치 카피로 표현해 PR을 해왔다. 질 높은 지역이란 프랑스나 스페인 등 서유럽 지방의 농촌을 이미지화한 것이다. 그런 장소에는 풍요로운 자연 속에서 명맥을 이어온 역사와 전통이 있고 사람과 사람의 관계를 중시하는 지역공동체가 뿌리를 내리고 있다. 그럼에도 불구하고 그 지방 도시에 최첨단 글로벌 기업이나 연구소가 들어서 있거나 다른 곳에서는 얻을 수 없는 가치를 찾아 전 세계에서 사람들이 방문한다. 그렇게 되면 필연적으로 고용이 창출되고 지역 경제도 안정되며 자연과 조화를 이루는 여유 있는 생활이 가능해진다. 동시에 세계의 글로벌화에 뒤처지지 않는 '최첨단'의 '발전적'인

삶을 구축할 수 있게 된다. 사타케 지사는 아키타가 그런 이상적인 목표에 다가가려면 '부가가치 만들기'에 신경을 써야 한다고 말한다.

"질 높은 지역이라는 것은 '전통적인 장점'과 '새로운 장점'을 균형 있게 도입한 지방을 의미합니다. 제가 생각하는 부가가치는 이 두 가지를 가리킵니다. 전통적인 장점이란 구체적으로는 2000년 이상의 역사가 응축되어 형성된 아키타만의 전통, 기술, 풍토, 환경 등이 가진 가치이지요. 새로운 장점은 그렇게 계승된 것에 무언가를 더하여 현대에 통용되는 형태로 바꾼 가치입니다. 즉, 부가가치란 '아키타에서만 얻을 수 있는' 것임과 동시에 '시대를 초월하여 통용되는' 가치이지요. 질 높은 지역이라는 이상을 실현하려면 이 부가가치를 만드는 데에 집중해서 아키타가 가지고 있는 매력을 최대한 이끌어내야 한다고 생각합니다."

우대 제도로 기업의 진출을 촉진한다

사타케 지사가 지향하는 '아키타에서만 얻을 수 있는, 시대를 초월하여 통용되는 부가가치' 창출은 전통문화 세계에만 국한되는 것이 아니다. 이는 아키타 현 사업의 구조 개혁이나 교육 환경 정비 등 적용되는 분야가 실로 광범위하다.

지난 몇 년 아키타에서는 기업의 입지 촉진 사업에 적극적으로 임해왔는데 그 대표적인 정책이 전국 최고의 우대 제도라는 평판을 얻는 기업 지원책 '아키타 리치 플랜(rich plan)'이다. 이것은 아키타로 들어온 기업이 일정한 조건을 충족하면 설비투자액의 10%, 1인당 연간 25만 엔의 고용 장려금(3년 동안)을 교부 한도액 5억 엔까지 보조해주는 제도다. 더구나 전자·수송기관 등 지정 업종의 기업이 지정 지역에 입지한다거나 30명 이상을 신규로 고용하는 등 그 밖의 요건을 충족할 경우에는 그에 대한 보조금이 가산되는 구조이기 때문에 지급할 수 있는 조성 금액은 최대 40억 엔에 이른다.

　　이 지원책은 훌륭한 성공을 거둬 2015년에는 아키타 현에 새롭게 입지한 외부 기업이 11개 사에 이르렀을 뿐 아니라 2016년에 들어서서도 그 성과는 계속되었다. 도요타 자동차의 부품을 제조하는 기업이 2017년 2월에 요코테(橫手) 시에 공장을 준공했고 그 밖에도 의료·의약품 관련 기업이나 항공기 분야로 진출하는 기업이 아키타 현으로 모여드는 등 지금 아키타에서는 경제 활성화를 향한 새로운 태동이 일어나고 있다.

초·중학생의 학력은 전국 최고 수준

사타케 지사는 그 밖에도 기업에서 볼 때의 아키타의 매력 중 하나는 '인재'라고 당당하게 말한다. 예로부터 아키타 주민들은 성실하고 끈기 있기로 잘 알려져 왔지만 최근에는 오랜 세월에 걸쳐 꾸준히 실행해온 교육 정책 덕에 교육 수준이 매우 높아졌다.

"제가 어린아이였던 1950년대에는 아키타 현의 학력은 전국에서 최하위에 가까울 정도였습니다. 그런 상황에 위기감을 느낀 교육 관계자들은 학급당 학생 수를 최소한으로 줄이고 아이들의 학력을 지원하기 위해 국가의 예산으로는 부족한 부분을 아키타 현의 예산으로 충당하여 교원을 고용하기도 하고 세계화 시대에 대응할 수 있는 인재를 육성하기 위해 스스로 생각하는 습관을 기르는 집단 지도(group work)를 도입하는 등 개선책을 잇달아 만들어냈습니다."

이런 끈기 있는 도전이 결실을 맺으면서 아키타 현의 초·중학생의 기초학력은 전국 학력 테스트에서 9회 연속으로 톱 클래스에 들어갈 정도로 신장되었다. 현재 아키타 현의 초·중학교 교육은 '아키타 방식'이라 불리며 전국으로부터 '아키타 참배'라는 이름으로 시찰을 오는 교육 관계자들이 끊이지 않고 있다.

우수한 인재를 더 많이 창출해내기 위해 1999년에는 아키타현립대학을, 2004년에는 국제교양대학을 설립해 운영을 시작했다. 아키타현립대학에서는 고도의 전문 지식을 갖춘 인재 육성과 산관학(産官學; 산업, 정부, 학교)이 손을 잡고 창조적인 연구 개발을 지향한다. 국제교양대학에서는 세계적인 시야와 전문성을 갖춘 실천력 있는 인재를 양성하는 것을 목적으로 삼고 있다. 이런 배경을 보아도 기업의 입장에서 볼 때 아키타는 인적자원의 보물 창고다.

또 기업의 입장에서 고마운 점은 땅값이 싸다는 것이다. 아키타 현이 개발한 공업단지를 구입하거나 임대로 이용할 수 있다. 그 밖에도 전국의 통계를 보면 아키타는 '자가 소유 비율'이 전국에서 두 번째로 높으며 범죄 사건의 검거율도 전국 2위로 치안 상태가 우수하다. 다시 말해 우수한 인재를 육성할 뿐 아니라 주거 환경도 뛰어나다는 것이다.

앞으로는 '세계화'와 '젊은 감성'이 필요하다

아키타가 가진 부가가치를 최대한으로 이끌어내려면 새로운 기업을 유치해야 할 뿐 아니라 지금까지 아키타에 계승되어온 지역 산업에도 눈길을 돌려야 한다. 일본은 창업 100주년이 넘은 기업이 3만 개 이상으로, 세계 최고로 영속 기업이 많다고 알려져 있다. 물론 아키타에도 이러한 영속 기업이 많이 있으며 장수 기업 배출 순위에서는 47개 행정구역 중 16위를 차지한다. 2016년에는 아키타 현 내에서 창업 100주년을 맞이하는 기업이 33개였다. 아키타에는 이렇게 오랜 세월 동안 이어져 내려온 무형의 기술이라는 자산이 풍부하다.

가치 있는 '기술'이 있고 그것을 통해 출시되는 '상품'도 있지만 그것을 '파는' 사람이 없다…. 이렇게 해서는 잃게 되는 게 너무 많다. 그런 상황에 빠지는 것만큼은 어떻게든 피해야 한다. 일본만의 기술이라는 보물을 어떻게 지키고 다음 세대에 물려줄 것인가. 이것은 아키타 현뿐 아니라 전국 자치단체의 산업 행정에 있어 매우 중요한 과제다. 아키타 현에서는 일찌감치 그런 지역 산업의 '사업 계승'을 위해 아키타 상공회의소가 아키타 현 사업 인계 지원센터를 운영하여 후계자가 없어 고민하는 기업을 지원하고 있다. 그러나 사업 계승을 지원한다 해도 외부의 컨설턴트 같은 사람을 끌어들여 지도를 받게 하는 것으로 끝나버려서는 안 되는 문제다.

사타케 지사는 앞으로의 사업 승계에는 '세계화 감각'과 '젊은 감성'에서 나오는 부가가치를 얹어야 할 필요가 있다고 말한다.

"예를 들면, 아키타의 특산품 중에 토속주가 있습니다. 얼마 전까지는 아키타의 토속주를 유럽이나 미국으로 가져가서 판매한다는 것은 상상도 하지 못했습니다. 그러나 최근에는 주조업계의 젊은 후계자들이 아키타의 토속주를 세계에 알린다는 생각을 가지고 새로운 시대에 맞는 상품을 개발하고 있습니다. 그 덕분에 아키타의 술이 해외에서도 주목을 받게 되었지요. 지금까지 아키타에 잠들어 있던 전통이 세계적인 감각과 젊은 감성에 의해 깨어나 새로운 길을 걷기 시작한 좋은 예입니다."

지금까지 이어져 내려온 아키타만의 부가가치를 미래에도 통하게 하기 위한 마이너 체인지(minor change; 부분적인 소규모의 외형 변형)에는 실로 다양한 가능성이 감추어져 있다.

"작은 사기잔으로 마시는 것이 당연하다고 여겨지는 사케도 와인잔으로 마신다거나 이탈리아 사람들에게 맞는 방식을 만들어보면 어떨지 도전해보는 것도 좋은 방법이겠지요. 그런 식으로 시야를 넓혀 기존의 인식에 변화를 주는 것입니다. 그 변화를 통해서 지금까지 깨닫지 못했던 가치를 알게 하거나 새로운 가치를 불어넣어 아키타에서만 얻을 수 있는 것들을 만들어낼 수 있다고 생각합니다. 그렇게 하지 않으면 앞으로는 기술에 뿌리를 내린 가치를 존속시키는 것 자체가 어려워질 것입니다."

모든 주민이 영어를 구사하는 그날까지

그러나 아키타 현이 철저하게 부가가치 창출을 위해 노력한다 해도 그것을 다른 지역이나 해외에 전달하지 못한다면 큰 변화는 기대할 수 없을 것이다. 그래서 사타케 지사가 의욕적으로 손을 대고 있는 것이 '영어 교육'이라고 한다.

"아키타의 브랜드 가치를 널리 알리려면 역시 인재가 필요합니다. 지금까지도 교육에는 총력을 기울여왔지만 지금 우리 현에서는 장래에 아키타 현 주민 전원이 영어를 구사할 수 있도록 하겠다는 목표를 가지고 영어 교육에 신경을 쓰고 있습니다. 어린아이에서 노인에 이르기까지 모든 주민이 영어를 구사할 수 있게 되면 아키타가 가진 매력이나 부가가치는 틀림없이 확산될 테고 격변하는 시대 속에서도 적응하여 살아남을 수 있을 것입니다."

아키타를 질 높은 지역으로 만들겠다는 이상은 오랜 세월 이어져온 기술과 전통 등의 가치를 담당하고 있는 세대와 세계적인 감각과 젊은 감성을 겸비한 새로운 세대가 함께 손을 잡고 아키타의 부가가치를 최대한으로 이끌어내는 것을 통해 실현할 수 있다. 사타케 지사의 눈에서는 아키타의 밝은 미래가 빛나고 있다.

문화 산업으로
지역의 매력을 높인다

- 와라비자 대표이사 사장 야마카와 다쓰미

지역 밀착형 사업을 이야기하는 기업은 많이 있지만 진정으로 지역의 문화와 역사를 사람들에게 전달하고 그것을 부가가치로서 지역에 뿌리를 내린 사업으로 전개하는 기업은 별로 없다. 아키타 현 센보쿠(仙北) 시에 있는 와라비자는 극단을 통하여 아키타의 역사, 매력, 자랑 등의 브랜드를 알리고 보여줄 뿐 아니라 지역 맥주 사업이나 호텔 사업 등 다각화 경영에 도전하고 있는 기업이다.

와라비자는 1951년 2월에 창립되었는데 원래는 세 명의 연기자가 모여 도쿄에 설립한 작은 극단이었다. 2년 후에는 아키타 현으로 거점을 옮겼고 그 후 60여 년에 걸쳐 일본의 전통 예능을 토대로 한 오리지널 뮤지컬을 상연하고 있다.

현재는 아키타 현 센보쿠 시 다자와 호수에 '아키타 예술마을'을 만들어 '와라비 극장'이라는 본격적인 극장을 소유하고 있다. 주식회사 와라비자의 사원 수는 250명으로, 그중 극단원의 수는 80명이다. 극단 와라비자는 폭넓은 연령층들로 구성되어 있으며 여섯 개의 그룹이 연간 1,000회나 되는 공연을 실시한다.

와라비자는 극단 시키(四季)나 다카라즈카(宝塚) 가극단 다음으로 규모가 큰, 일본을 대표하는 극단 중의 하나로 성장했다. 1992년에는 온천 숙박 시설인 '온센유포포(温泉ゆぽぽ)'를 오픈했고 5년 후에는 아키타 현 최초의 지역 맥주 '다자와코비루(田澤湖ビール)'를 양조하고 판매하기 시작했다.

예술 활동을 지키기 위해 '주식회사'로 만들다

와라비자는 왜 지방 극단임에도 불구하고 다각화 경영을 실시하는 기업으로 변화해 많은 아키타 현 주민들로부터 지역 성장의 기대주로 관심을 모으게 되었을까?

와라비자의 대표이사 사장인 야마카와 다쓰미는 극단이 기업 활동으로 방향을 전환하게 된 계기는 '사업 확대'와 '공동생활의 한계'였다고 한다. 아키타로 거주지를 옮겼을 당시에는 다른 극단과 마찬가지로 극장 운영만으로는 생활을 할 수 없는 상황이었다. 그래서 서로 지원을 하기 위한 '공동체'를 만들어보았지만 거기에는 문제가 있었다. 극단 이외의 사업이 확대됨에 따라 지역으로부터 고용이 증가되면서 종업원의 보장 문제 등 새로운 국면을 맞이한 것이다. 야마카와 대표는 이렇게 말한다.

"예술 활동은 생활이 안정되어 있지 않으면 세밀한 표현을 하기 어렵습니다. 지역에 뿌리를 내린 극단으로서 지역의 역사와 문화를 지원한다는 책임감을 가진다는 것은 어려운 일이라는 생각이 들었습니다."

그래서 와라비자는 예술 활동의 근간을 지키기 위해 다양한 조직 운영 시스템을 연구했고 최종적으로 사원들이 주식을 소유하는 제도로 움직이는 '주식회사' 시스템이 가장 바람직하다는 결론에 이르렀다.

"공동체적 발상을 변혁하여 주식회사로서 지역에 밀착하는 방식으로 비즈니스를 하는 데에 최선을 다해왔습니다. 그 선택이 와라비자를 이렇게 성장시킨 가장 큰 요인이라고 생각합니다."

지역에 최선을 다하면 부가가치가 올라간다

와라비자를 다른 극단과 차별화된 매우 특별한 존재로 만든 것은 다각적 비즈니스만이 아니다. 본업인 연극이 흥행하는 데 있어서도 와라비자는 독자적인 시도를 해왔다. 와라비자는 연극이라는 형식 안에 아키타의 전통문화를 비롯한 '아키타다움'을 도입한 것이다.

아키타이기에 존재하는, 아키타에만 있는 것은 무엇일까. 그것을 주제로 고민한 것이 아키타 그 자체의 부가가치를 이끌어낼 뿐 아니라 와라비자를 다른 극단과는 다른 독특한 존재로 만들어주었다. 지역의 부가가치 창조에 최선을 다하는 마음과 태도가 결과적으로 자신들의 부가가치를 낳는다는, 부가가치의 상승효과 같은 것이다.

그리고 일본 최고의 지역인 아키타라는 지역을 중심으로 한 연극에 진지하게 임하는 자세는 아키타에만 머무르지 않고 "일본 전국의 모든 지역을 활성화하려는 영혼을 일깨우는 결과를 낳을 수 있다."고 야마카와 대표는 열변을 토한다.

"연극을 통하여 지역을 활성화시키려면 연극이 가진 파워를 최대한 발휘해야 합니다. 그것은 아키타 주민들이 계승해온 전통을 중시하는 자세에서 배울 수 있습니다. 지역 활성화를 위한 활동이야말로 지역에 있는 극장이 가진 사명이라고 생각합니다."

아키타와 아키타에 사는 주민들을 주제로 삼은 와라비자의 뮤지컬에는 일본을 대표하는 서양화가 후지타 쓰구하루

(藤田嗣治)와 아키타의 대지주 히라노 마사키치(平野政吉) 두 사람의 생애를 그린 〈마사키치와 후지타(政吉とフジタ)〉, '해변의 노래(浜辺の歌)'와 '아키타 현 민요(秋田縣民謠)'를 만든 작곡가 나리타 다메조(成田爲三)를 주인공으로 삼은 〈다메조 씨!(爲三さん!)〉 등이 있는데 사실 와라비자가 연극 무대로서 삼은 것은 아키타만이 아니다.

야마카와 대표는 에히메(愛媛) 현 도온(東溫) 시에 설립된 '봇쨩게키조(ぼっちゃん劇場)'의 지배인으로 10년간 일했는데, 그곳에서도 와라비자에서 내걸었던 '연극을 통하여 지역을 활성화한다'는 이념을 바탕으로 시코쿠(四國)의 다카마쓰(高松) 출신 히라가 겐나이(平賀源内) 등을 주인공으로 한 무대를 만들었다. 그러자 그 무대에 감동을 받은 정·재계 인사들이 야마카와 대표가 이끄는 와라비자의 활동에 공감했고 "부디 우리 지역에서도 이런 연극을 해주십시오."라며 줄지어 요청을 해왔다고 한다.

"아키타에만 얽매이지 않고 일본 전역의 '지역'을 연극으로 지원하고 싶습니다. 연극을 통하여 지역에 스며들고 거기에 새로운 지역공동체를 만들어가는 것이지요. 우리가 그런 활동을 꾸준히 하다 보면 결과적으로 아키타 현을 일본이나 해외에 널리 알릴 수 있게 되지 않겠습니까?"

아키타의 매력을 전하려면 '연기력'을 키워야 한다

아키타 현을 중심으로 지방 활성화를 위한 활동을 꾸준히 지속해온 덕분에 와라비자를 '아키타의 보물'이라며 칭찬하는 사람들도 나타났다. 그런 와라비자를 강력한 리더십으로 견인하고 있는 야마카와 대표에게 어떻게 하면 아키타가 가진 매력이나 가치를 국내외에 알릴 수 있는지 물어보았다.

"저는 나가사키에서 태어났는데 센다이에 살고 있는 어떤 분이 나가사키의 오란다자카(オランダ坂; '네덜란드 언덕'이라는 의미)나 메가네바시(眼境橋; '안경다리'라는 의미) 등을 관광하면서 깜짝 놀랐다고 말했습니다. '이미지를 풍부하게 표현하는 나가사키 주민들의 화법과 PR 능력에 놀랐다'는 것이었지요. 규슈 출신인 제 입장에서 보면 상대방을 재밌게 해주려 때로는 약간 과장해서 말하는 경우도 있는데요, 아키타를 비롯한 도호쿠(東北) 지역 사람들은 그렇지 않아요. 자신들의 매력을 이야기하는 것을 쑥스럽게 생각하거든요. 그래서 이 부분을 바꾸어야 한다고 생각했습니다."

오랜 세월에 걸쳐 성장을 거듭해온 와라비자이기 때문에 아키타에 계승되어온 아키타만의 부가가치를 발굴하여 그것을 연극을 통해서 전할 수 있다. 또 야마카와 씨는 '연출'에 더하여 '연기'의 중요성도 이야기한다.

"흔히 연기한다는 걸 거짓말을 하는 거라고 생각하는 사람이 많이 있어요. 그것은 오해이지요. 예를 들어, 아버지는 자녀들 앞에서 가능하면 좋은 아버지이고 싶어 하지요. 그것도 일종의 연기라고 할 수 있지 않을까요. 사실 연기라는 것은 우리가 지극히 자연스럽게 하고 있는, 생활 속에 살아 숨 쉬는 행위입니다. 그리고 이 연기력은 '전달 능력'이나 '영업 능력'과 통하는 자질이기도 합니다. 세계화가 뚜렷하게 진행되고 있는 다문화 공생 시대에 어떤 지역의 장점을 전하려면 개인이 '연기력'을 높여야 할 필요가 있지 않겠습니까? 그렇게 하기 위해 와라비자가 도움을 줄 수 있는 부분은 무엇인지 진지하게 생각하고 있습니다."

지금 아키타 현은 인구 감소 문제에 직면해 있는데 야마카와 대표는 "주민의 수가 줄어들면 그만큼 다른 주민을 영입하면 되지요."라며 긍정적인 모습을 보인다. 와라비자는 연극을 통하여 지역에 새로운 공동체와 비즈니스를 만들고 그지역만의 부가가치를 창출한다. 그리고 그 지역에 사는 주민들의 문화력(브랜드력)과 그것을 외부에 전달하는 능력을 육성해간다. 지역 활성화를 위한 와라비자의 도전이 앞으로 어떤 결과를 낳을지 귀추가 주목된다.

안팎으로 아키타의
부가가치를 만들어간다

- 아키타 경제연구소 전무이사 소장
마쓰부치 히데카즈

아키타은행이 창업 100주년을 기념하여 1979년에 설립한 재단법인 아키타 경제연구소는 설립 이후 아키타 현 내의 경제·산업·기업 경영 등과 관련된 연구 및 정보 제공을 실시함과 동시에 아키타 현 내 중소기업 진흥을 위한 다양한 사업에 진력해온 연구 기관이다.

이곳의 전무이사 소장이며 최근에는 정보 프로그램의 해설자로도 활약하고 있는 마쓰부치 히데카즈 씨에게 아키타 현의 매력이 무엇인지를 물어보았다.

"아시는 대로, 아키타에는 쌀이나 삼나무를 비롯한 풍부한 천연자원이 있고 그밖에도 명물과 특산품을 열거하자면 끝이 없을 정도입니다. 문화적인 측면에서도 수백 년 이상의 역사를 가진 수많은 전통 공예나 민속 행사가 계승되어 오고 있고 나마하게 등의 국가 중요 무형 민속 문화재는 전국에서 가장 많은데, 17종류나 됩니다."

더구나 아키타에는 전후 일본인들이 물질적인 번영에 매달려 잊어버린 '여유'와 '안정감'을 얻을 수 있는, 그야말로 인간다운 생활을 할 수 있는 생활환경도 갖추어져 있다.

하지만 그런 아키타에도 극복해야 할 과제는 많다고 마쓰부치 소장은 말한다. 그중의 하나로 아키타 현이 지금까지 지역의 상품에 '부가가치'를 부여하지 못했다는 점을 든다.

아키타라고 하면 30년에 걸쳐 국민의 식생활을 책임져온 '아키타고마치(あきたこまち; 일본을 대표하는 아키타의 쌀)'를 생산하는 쌀의 고장이며 농업이 발달한 지역으로 잘 알려져 있다. 하지만 아키타 현 식료품의 지역 내 조달 비율은 36%로 도호쿠 지방에서는 최하위 수준이며 게다가 식료품 제조업도 도호쿠 지방에서 최하위다.

"역시 아키타 현이 가진 저력을 발휘하게 하려면 앞으로 부가가치를 창조해야 합니다. 지금까지는 쌀이든 광산 자원이든 가공하지 않고 그대로 전국으로 내보냈고 그것을 가공한 상품을 외부 지역에서 들여왔습니다. 그 때문에 무역 적자가 생겼는데 이제는 아키타가 생산한 것을 직접 가공해서 부가가치를 더하여 경쟁력을 높여야 합니다. 아키타에서만 구할 수 있는 부가가치를 어떻게 만들어낼 것인가, 이것이 앞으로의 아키타를 좌우하는 중요한 요소가 될 것입니다."

'질 높은 지역'을 지탱해주는 아키타 현의 편안한 생활

마쓰부치 소장은 사타케 지사가 주장하는 '질 높은 지역'이라는 비전을 근본적으로 지탱해주는 부가가치의 하나로 아키타만의 '편안한 생활'을 꼽는다. 2015년 일본 경제산업성은 지역 생활 비용의 '시각화' 시스템을 공개해 지역의 편안한 생활을 다양한 부문으로 분류한 후 이를 '화폐가치'로 환산하여 연대별, 가족 구성별로 비교할 수 있도록 했다. 그 결과 아키타 시는 도쿄의 세타가야(世田谷)에 비하면 20대 독신 세대의 경우 연간 35만 124엔만큼, 40대 부부와 자녀가 있는 세대의 경우는 연간 39만 3607엔만큼 더 편안한 생활을 하고 있다는 결과가 나왔다.

총무성이 발표하는 사회생활 통계 지표에 의하면 아키타 시는 도쿄와 비교할 때 급여의 차이가 크기 때문에 가처분소득에서 소비 지출을 뺀 금액이(2인 이상 세대의 경우) 한 달에 약 3만 6천 엔이나 적다는 사실을 알 수 있는데, 편안한 생활을 뒷받침해주는 것은 경제적인 측면만은 아닌 듯하다.

"아키타는 초·중학생의 학습 능력이 9회 연속 전국 최상

위 수준이고 오가키 공립은행(OKB; Ogaki Kyoritsu Bank)의 싱크 탱크와 OKB 총 연구소가 공표한 '똑똑한 아이가 자라는 지역 순위(2013년)'에서도 1위를 기록했습니다. 이 조사는 아이들의 자질이나 성장 환경에 영향을 주는 11가지 분야에 관하여 점수를 매기는 것으로 아키타는 6가지 분야에서 1위, 종합 점수에서도 1위라는 결과가 나왔습니다. 이것은 단순히 아이들의 학력이 높기 때문만이 아니라 아키타라는 지역이 가지고 있는 종합적인 능력이 발휘되어 결실을 맺은 덕분이라고 생각합니다."

부가가치 창출을 통하여 위기를 극복한다

하지만 아키타는 현재 타 지역과 마찬가지로 인구 감소라는 문제에 직면해 있다. 국립사회보장·인구문제연구소가 2013년에 추산한 데이터에 따르면 앞으로 30년 동안에 일본 전역에서 2천만 명이나 되는 인구가 감소할 것이라고 예측되고 있는데 마쓰부치 소장의 분석에 의하면 아키타의 인구 감소는 전국적인 동향보다 10~20년 정도 앞설 것이라고 한다.

그러나 취임 이후 적극적으로 아키타 현의 행정 및 운영에 신경 써온 사타케 지사는 앞선 인터뷰에서 "이런 격동의 시대에야말로 기회가 존재한다고 봅니다. 눈앞의 위기를 극복하려 노력할 때 정말로 창조적인 아이디어가 탄생하는 것이지요. 지금이야말로 아키타가 비약할 수 있는 기회입니다."라며 긍정적인 자세를 보였다. 지사의 그런 생각에 부응하듯 아키타에서는 이미 다양한 도전이 시작되었다.

아키타는 인구 감소 및 고령화 문제라는 위기에 대해 아키타에서만 얻을 수 있는 부가가치를 창출하여 위기를 극복하려 하고 있다. 그중 하나가 아키타 현이 검토하기 시작한 CCRC다. CCRC는 'Continuing Care Retirement Community'의 약칭으로 이주해온 고령자가 건강할 때부터 간병이 필요해지는 말기에 이르기까지 지속적인 의료적 도움 및 케어를 받으면서 평생 학습이나 사회 활동 등에 참가할 수 있는 공동체를 말한다. 100여 년 전에 미국에서 탄생한 CCRC는 이제 미국 전역 약 2천 곳에 설립되었고 시장 규모는 3조 엔에 이른다. 장래에 아키타에 CCRC가 도입된다면 도쿄를 비롯한 수도권의 고령자 증가 현상을 해소할 수 있을 뿐 아니라 고령자의 이주지로서 새로운 고용과 소비 확대의 기회가 창출될 것이다. 그리고 그 CCRC가 아키타만의 환경·풍토·문화와 융합한다면 '아키타에서만 누릴 수 있는 풍요로운 노후 생활'이 탄생할 것이다.

그렇게 브랜드가 된다

한편 아키타에서는 고령자뿐 아니라 젊은 층을 영입할 수 있는 사업도 도전하고 있다. 그 대표적인 정책이 통칭 '도챠벤(ドチャベン)'이라 불리는 사업 창출 프로그램 '도챠벤 액셀러레이터(ドチャベン·アクセラレーター)'다. 도챠벤이란 '토착'과 '벤처'를 합한 말로 지역에 뿌리내린 창업을 가리킨다. 2015년에 시작되어 첫해에는 고죠메와 요코테에서 비즈니스 플랜 콘테스트가 개최되었고 그곳에서 수상을 한 네 개 팀이 이미 사업을 시작해 두 개의 회사가 설립되었다.

"도챠벤은 무리해서 서둘러 진행할 생각은 없습니다. 공모 단계에서 선발된 사람들을 몇 년 동안 아키타에 살게 하면서 서서히 벤처사업을 시작하게 하는 것이지요. 아키타는 그런 젊은 인재의 지혜를 빌리면서 다양한 형식으로 이주자를 지원해야 할 것입니다."

물론 인구 감소가 뚜렷하게 나타나는 아키타가 나아가야 할 길은 만만치 않다.

"아키타에서 생활하는 모든 주민들이 당사자 의식과 위기감을 가지고 지역 외 주민들의 도움도 받으면서 진행해나가야 하겠지요. 아키타가 끌어안고 있는 문제를 하나하나 해결해나갈 수 있는 방법을 생각하면서 지금 진행 중인 사업을 확대해나갈 것입니다. 그렇게 하면 아키타의 미래는 점차 밝

아질 것입니다."

마쓰부치 소장은 현재 상태를 걱정할 필요는 없다고 말한다. 아키타와 관련이 있는 많은 사람들이 '위기를 기회로 바꾼다'는 의식 개혁을 실시해 '절약 정신'을 가지고 지금까지 묻혀 있던 아키타의 다양한 매력에 숨결을 불어넣고 있다. 그렇게 하면 본래 넘칠 정도로 풍부한 아키타의 부가가치는 예상을 훨씬 초월하여 확산될 수 있다. 가까운 미래에 아키타가 자랑하는 브랜드가 해외에도 전해져 지방 도시 활성화의 견본으로서 아키타가 세계적으로 알려질 날이 올 것이다.

아키타 현 지사
사타케 노리히사(佐竹敬久)

아키타 현 센보쿠 출신으로 1971년 도호쿠대학 공학부 정밀 공학과를 졸업하고 아키타 현청에 들어갔다. 공업 진흥 과장, 지방 과장, 총무부 차장을 역임하고 2001년에 아키타 시장 선거에 출마하여 당선됐고 2009년부터 아키타 현 지사를 지내고 있다.

아키타 현청은 2015년 10월 아키타의 인구 감소 문제를 극복하고 아키타의 활성화를 실현하기 위해 '아키타 현 인구 비전'과 '아키타 미래 종합 전략'을 책정했다.

와라비자 대표이사 사장
야마카와 다쓰미(山川龍巳)

나가사키 현 하사미(波佐見) 출생으로 1971년 와라비자에 들어갔다. 전국 공연 영업 부장 및 극장 경영 감독, 다자와 호수 예술 마을 영업 부장을 역임했다. 2004년 이후 헤이메 현 지역 기업과 공동 출자하여 '봇짱게키조'의 지배인으로 활약했다. 2014년 3월에 아키타로 돌아와 와라비 극장 지배인, 본사 영업 총괄을 거쳐 같은 해 6월 사장으로 취임했다. 2016년 6월 대표이사 사장에 취임했다.

와라비자는 센보쿠 시에 위치해 있으며, 와라비 극장의 공연이나 '아키타 예술 마을', 오가 사쿠라지마 리조트 'HOTEL 키라라카(きららか)', '오우(奥羽) 산장' 등을 운영하고 있다.

아키타 경제연구소 전무이사 소장
마쓰부치 히데카즈(松渕秀和)

아키타 현 출생으로 1975년 도호쿠대학 법학부를 졸업한 뒤 아키타은행에 입사해 시스템 부장, 사무 총괄 부장, 집행 임원 도쿄 지점장, 상근 감독을 거쳐 2010년에 재단법인 아키타 경제연구소 전무이사 소장으로 취임했다.

아키타 경제연구소는 1979년 창립되었으며 아키타 시 아키타은행 본점 내에 있다. 아키타 현의 산업 경제와 사회 실태를 조사하고 기업 경영과 주민 생활의 건전한 발전에 도움이 되는 정보를 제공하는 것을 목적으로 삼고 있다.

우리는 왜 본질을 잊는가
: 브랜딩의 기술

초판 1쇄 인쇄 2018년 7월 2일
초판 1쇄 발행 2018년 7월 10일

지은이 | 세키노 요시키
옮긴이 | 이정환
펴낸이 | 한순 이희섭
펴낸곳 | (주)도서출판 나무생각
편집 | 양미애 조예은
디자인 | 오은영
마케팅 | 이재석 한현정
출판등록 | 1999년 8월 19일 제1999-000112호
주소 | 서울특별시 마포구 월드컵로 70-4(서교동) 1F
전화 | 02)334-3339, 3308, 3361
팩스 | 02)334-3318
이메일 | tree3339@hanmail.net
홈페이지 | www.namubook.co.kr
트위터 ID | @namubook

ISBN 979-11-6218-027-3 03320

이 도서의 국립중앙도서관 출판예정도서목록(CIP)은 서지정보유통지원시스템 홈페이지
(http://seoji.nl.go.kr)와 국가자료공동목록시스템(http://www.nl.go.kr/kolisnet)에서
이용하실 수 있습니다. (CIP제어번호: CIP2018018925)